英

同步作文

口语交际与写作技巧点拨

人 版

总主编 詹昌斌
编 著 孙晓静

四年级上册

班级：________________

姓名：________________

CHISO SINCE 1956 新疆青少年出版社

编者寄语

《同步作文/口语交际与写作技巧点拨》是根据“新课标”和小学语文教学大纲对小学生口语交际与写作的要求编写，它如同一位循循善诱的老师，向学生传授说话与写作的秘诀，逐一解决写作过程中每一环节的问题，让学生由此可以轻松写作。其编写特点如下：**1.指导性强** 非常关注写作的全过程，从解题、选材到立意，从技巧、提纲、素材、范文、修改到评价标准等，进行全方位细致指导；**2.借鉴性强** 既有很多优秀的范文，也有可供模仿的提纲；既有病文评改，也有读写联通，这些可让学生的写作能力大为提高；**3.积累性强** 提供了很多同步作文的精彩题目、开头、结尾、相关的词句段等，既能增加知识积累，也可以启发写作思维。

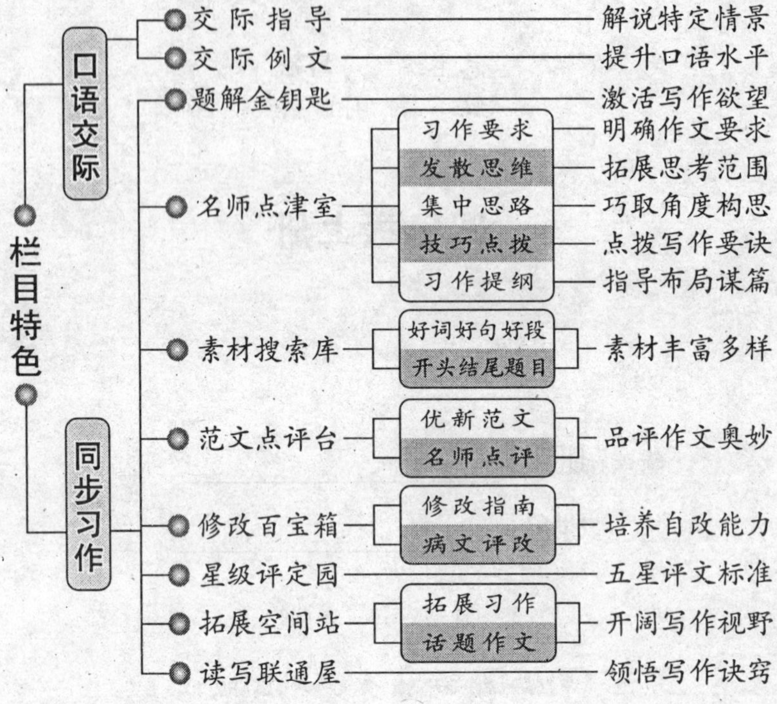

目 录

第一单元

口语交际　我知道的自然景观

交际指导

同学们，我们的祖国大山奇伟、江湖秀丽。泰山高大，华山险峻，九寨沟奇异，张家界神秘，西湖旖旎，洞庭湖浩淼……就连我们身边的小河、小山、草地、树林也有令人称奇的地方。请用你们的慧眼去看看，用你们的灵耳去听听，用你们的心灵去感受……然后把观察到的或了解到的自然景观和同学们交流交流。这次交流请注意：

1. 要讲清楚景观所处的地理位置，最好讲清楚说的是什么季节的景观。

2. 请说出景观的奇特之处。

3. 听的同学可以提问，可以补充，还可以更正说错的地方。

交际例文

小虎：我们中国的雾都是哪个城市？

小冲：重庆。

小林：重庆除了八月份以外，好像一年到头总是雾气腾腾的，平均每两天就有一次雾，而冬季的雾最多。

小青：重庆有雾的时候，雾随着山势、随着楼房、随着江水，有的流动，有的升腾，有的下降，有的旋转。

小虎：雾中的山，有的像一个个大大小小的馒头，有的像一个个竹笋，有的像穿上纱衣的仙女。雾中的楼房像《西游记》里玉皇大帝住的灵霄殿。雾中的灯光不再那么明亮耀眼，而是泛出桔红的光，朦朦胧胧的。

小林：重庆为什么那么多雾呀？

小青：重庆位于长江和嘉陵江的交汇处，三面是水，空气湿度大，所以雾多雾浓。

同步习作　写一处景物

题解金钥匙

也许你见过“天苍苍，野茫茫，风吹草低见牛羊”的大草原，也许你见过神奇壮观的黄果树大瀑布，还有那海南岛最南端刻有“天涯海角”的巨石，如诗如画的长江三峡……如果这些地方你没去过，不要紧，其实家乡的小山、矮丘、田野、竹林、小河；家乡的古银杏、老槐树……也具有令人难以忘怀的妙处。来吧，让我们拿起笔来写自己游览过或了解到的一处自然景观，或写写自己身边的景物吧。

名师点津室

习作要求

本次习作要求写一处景物，这处景物既可以是著名的旅游景点，也可以是自己身边熟悉的景物，只要能写出该景物的奇特之处即可。注意习作的写作顺序。

发散思维

此次习作如果写你游览过的风景名胜，那么取材非常广泛哦，可以写自然景观：比如美丽的海滨、奔腾的黄河、原始的自然保护区……名山大川、小桥流水、田园风光皆可下笔；可以写人文景观：北京的故宫、八达岭，南京的雨花台、中山陵，武汉的黄鹤楼、古琴台……如果写你身边的景物，那么就更得心应手了，你家乡的一草一木、湖泊、江河、小溪、乡村、广场、公园……哪里都会令你熟悉万分，只要你选好景物仔细观察，认真描述，一定能写出一篇佳作。

集中思路

无论你是写著名的旅游景点，还是写身边熟悉的景物，一定要写出该处景物的奇特之处，显示出它区别于其他景观所独有的美。对任何景物的描写中，必须体现出你对大自然或人文景观的热爱之情，写自己身边的景物，应表达出对家乡的热爱。景中含情才是写景佳作。

技巧点拨

1. 本次习作是篇写景的作文，要按一定顺序来写。比如说可以按照东南西北的空间顺序写；可以按照由远(近)到近(远)，由上(下)到下(上)，由左(右)到右(左)的顺序写；还可以按照春夏秋冬，早晨、中午、晚上的时间顺序写。如果你写的是游览作文，可以按参观游览的顺序写。

2. 这次作文可以运用比喻、拟人、夸张等修辞手法把自然景观的奇特之处生动、形象地写出来，写得像画一样。

3. 写作时可以展开联想和想象，将自己看见的景物与自己内心的感情融合起来，写写自己的感受，抒发抒发自己的感情。

习作提纲

示例：

春天的东湖

开头：总写春天的东湖给人的整体印象。(略写)

中间：描述自己眼中所见东湖的美景：(详写)

①远望湖面的特点；

②远望岸边树木、花草、房屋的特点；

③近看湖水的特点；

④这些景物总的特点。

结尾：抒发对春天东湖的感受。(略写)

素材搜索库

精彩好词

山峦　山麓　山涧　奇峰　峻岭　峭壁　巍峨　峥嵘　逶迤　旷野
莽原　广漠　空寂　空旷　无垠　浩瀚　沙浪　湖滨　秀丽　海潮
海汛　沧海　蔚蓝　湛蓝　奔涌　飞溅　帆影　嫩绿　墨绿　葱绿
山势雄伟　山清水秀　群山环抱　千山一碧　群山吐翠　层峦叠嶂
云缠雾绕　一马平川　广袤无边　芳草萋萋　飞沙走石　林海雪原
荒无人烟　金沙碧海　湖光潋滟　明澈如镜　水天一色　惊涛骇浪

精彩好句

♠大青山用绿树青草作衣裙，用缕缕白云作头巾，用流淌的清泉洗脸，用鲜红的朝霞作脂粉，打扮得漂漂亮亮。

♠沙漠上有的是旋风，一股一股的，把黄沙卷起好高，像平地冒起的浓烟，打着转在沙漠上飞跑。

♠数叶白帆，在水天一色金光闪闪的湖面上，就像几片雪白的羽毛似的，轻悠悠地漂动着，漂动着。

精彩段落

♠在这里，翠绿的荷叶丛中，一枝枝亭亭玉立的荷花，像一个个披着轻纱在湖上沐浴的仙女，含笑而立，娇羞欲语；还有那荷叶上的青蛙，它披着碧绿的衣裳，露着雪白的肚皮，鼓着一对大眼睛，正在为荷花湖演奏动听的交响乐。

♠水泥大道的左边，是我们红领巾的瓜果园。各种果树上挂满了秋的果实；石榴树上，一个个大石榴饱满得裂开了“笑口”，那粒粒籽儿就像红玛瑙，晶莹透亮。葡萄架下，一串串葡萄，水灵灵，鲜嫩嫩，像倒挂的串串绿宝石。还有黄澄澄的梨儿。孩子们天天来看呀，乐呀，笑呀，就像农民伯伯看着丰收的稻田。

♠清晨的空气凉沁沁的，带着些露水和青草的气息。太阳已经爬上地平线，把东边的天色染成了绯红和浅紫。地上的草是湿润润的，树枝梢头也缀着露珠。远近的山朦朦胧胧地隐现在薄雾之中。可是，没过多久，太阳升高了，小草上的露珠迅速蒸发消逝了。我看到我在草地上的影子，短短的裙子在风中摇动。青翠的树叶，迎着阳光，绿得那么晶莹。

精彩开头

♠妈妈的故乡四川有一处中外闻名的游览胜地——乐山。今年暑假同妈妈一起回家乡，我有幸游览了乐山。

♠朋友，你见过我们家乡的鄱阳湖吗？如果你没见过，这里我可以给你作个介绍。

♠人们都说海是变化莫测的，可在我心中，海却是一位慈爱的母亲。

精彩结尾

♠啊，石林，你那日出云海，红霞满天，万山寂静的景色；你那摇摇欲坠，仰观时顿觉毛骨悚然的风吹石；你那破壁而出的古枫，凌空穿云的怪石，真是千姿百态，神气非凡。还有那雄伟壮观的雾海，奇妙的莲花峰，犹如仙境的望峰湾和秀巧动人的阿诗玛巨石，使人流连忘返。

♠啊，家乡的月湖，你真美！我长大了，要和众多的莱西人一起，让你这颗明珠放出更加灿烂的光彩！

♠啊，这金色的秋天是一幅多么美丽的水彩画！

我爱秋天,更爱这用劳动迎来丰收的人们。

精彩题目

《游×××》《××之行》《镜泊飞瀑》《我家乡的××》

《×季的××》《××山》

范文点评台

参观太平天国侍王府

今天,我们怀着兴奋的心情去侍王府参观。侍王府在金华城东,离我们学校不远。我们走到侍王府的大门前,只见大门前是座气势雄伟的照壁,照壁的两侧,雕嵌着双龙戏珠,基座上是双狮抢珠等,它们的形态可爱极了。离照壁百余米就是王府大门。

开门见山,点明参观对象。

进了大门,拾级而上,我们穿过甬道便到了大殿。大殿亦称议事厅,是侍王召集部将商议军机大事的地方。殿宇宏伟壮丽,殿中有座威武的侍王李世贤塑像,塑像两旁,旗帜兵器林立。大殿后是过厅,然后是耐寒轩,轩前有千年古柏两株,相传为五代武肃王亲手种植的。

以简洁的语言清楚地交代了游览的行程。

大殿西面为住宅建筑,亦称西院。相传为侍王办公及睡觉的地方。这里共四进,每进之间都有天井。

西院还保存着大量的太平天国壁画和彩画,这里简直像一座艺术宝库,总计有大小壁画119幅,彩画408方。

侍王府的壁画,大部分是反映当时现实生活的作品。其中有一幅反映太平天国的军事情况的"望楼兵营图"。图的左角画有一处未曾攻克的孤城,城门紧闭。城外有太平军的兵营,旌旗招展,望楼高耸,这座孤城被团团围住。这大概是三巨争夺战的写照吧。在壁画中,反映劳动人民在太平天国政权下勤奋劳动、愉快生活的画面比较多。如"四民乐业图",图中描写渔夫的生产和生活情况,各个人物神态各异,形象逼真,饶有情趣。还有一幅"樵夫挑刺图"。在峰峦起伏的山间,放着两担柴草,路旁有两个樵夫,其中一个樵夫正替另一个樵夫挑刺。人物表情刻画细致,栩栩如生,表现了劳动

在众多的壁画中选取一两幅进行着重描写,反映出了当时特殊的历史背景及人

人民团结友爱、互相帮助的精神。

绕侍王府参观一周之后，我们依依不舍地告别归去。侍王府这座农民革命战争所遗留下来的艺术宝库，一定会永放光芒的。

们的生活状态。

名师点评

《参观太平天国侍王府》这篇作文所描写的太平天国侍王府是全国现存的太平天国建筑中保存最完整、规模最宏大的建筑。对这样的建筑群，小作者是通过"移步换景"的方法来说明的，通过准确地使用"大门前""百余米""穿过甬道""大殿西面"等表亍游踪的语句，将自己参观侍王府的行踪写得非常清楚。人们读了之后，就像亲自游览了一次太平天国侍王府。

黄果树瀑布

黄果树瀑布，真是一部大自然的杰作。

刚进入黄果树风景区，我们便听到"哗哗"的声音从远处飘来，就像是微风拂过树梢，渐进渐响；最后像潮水般涌过来，盖过了人喧马嘶，天地间就只存下一片喧嚣的水声了。

未见其形，先闻其声，从声音的声势巨大衬托了瀑布的雄浑壮观。

透过树的缝隙，便看到一道瀑布悬挂在岩壁上，上面折为三叠，好像一匹宽幅白练正从织布机上泻下来。那"哗哗"的水声便成了千万架织布机的大合奏。

恰当的比喻，描写出其形、声特点，使瀑布的形象更具体可感。

瀑布击出的水花，如雨雾般腾空而上，随风飘飞，漫天浮游，高达数百米，落在瀑布右侧的黄果树小镇上，形成了远近闻名的"银雨撒金街"的奇景。

黄果树瀑布泻落在一片群山环抱的谷地里。我们自西顺着台阶往下走，一直来到谷底。我们坐在水边一块岩石上，离那道瀑布近得很，中间只隔着一个小小的绿潭，仿佛一伸手便可以撩过来洗洗脸。瀑布泻入谷底激起的水珠直洒到我们的脸上，凉丝丝的，舒服极了。

黄果树瀑布虽不如庐山瀑布那样长，但远比它宽得多，所以显得气势非凡，雄伟壮观。瀑布从岩壁上直泻而下，如雷声轰鸣，山回谷应。我们坐在下面，仿佛置身在一个圆形的乐池里。四周乐声奏鸣，人就像漂浮在一片声浪之中，每个细胞都

比喻十分形象，让人如临其境，如闻其声。

灌满了活力。

我们久久地坐着，任凉丝丝的水珠扑上炎热的脸庞，打湿薄薄的衣衫。我们聆听着訇然作响的瀑布声，只觉得胸膛在扩展，就像张开的山谷，让瀑布飞流直下，挟来大自然无限生机。

写了独特的感悟。

名师点评

文章调动视觉、听觉、感觉等感官，运用比喻等修辞手法和侧面烘托等写法，生动、形象地写出了黄果树瀑布的巨大声响，非凡气势以及令人陶醉的感受。用词准确，思路清晰，情景交融，结构严谨。

绿西湖

意大利旅行家马可·波罗曾称赞杭州是世界上最美丽华贵的城市。可见，杭州在世界上的声誉有多高！杭州之所以闻名于世，与西湖有很大的关系，去了西湖，杭州就失去了它大半的美。西湖自古以来曾引来无数文人墨客为它大挥笔墨——“天下西湖三十六，个中最美数杭州。”今年暑假，我旅游来到杭州，来到它身旁的西湖。

开篇以名人的赞誉突出杭州的声名，从而引出杭州美的代表——西湖。

站在湖边，乍看西湖，犹如一坛诱人的陈年老酒，那么清亮，那么柔和，轻盈盈的；细看，则宛如一面翡翠嵌着的宝镜。碧水中，不时荡过一丝丝水纹，好似无数透明的丝带在水中飘舞，使得西湖碧水更加妖娆。船桨激起绿色的涟漪，船尾“剪”开雪白的“梨花”，都是那么吸引着游人，引人遐想。

恰当的比喻写出西湖乍看、细看时不同的美。

随着游人，我登上了绿树成荫、翠柳成行的苏堤。由东向西，我发现了西湖的美在于它的绿，啊，好一个绿西湖！放眼望去，满眼都是绿，那鲜嫩的、使人一见就倾心的绿色，明明亮亮地照耀着我的眼睛。你看，苏堤仿佛是一条长长的翡翠玉带，把西湖南北分开。堤上翠柳的枝条亲吻着水面，风起时，娇柔的枝条随风波动，好似翠柳绿绿的长发在飘舞，清新、明朗。来到苏堤中央，只见湖心小岛——小瀛洲被绿色点缀，星星般闪烁着，又像无瑕的翡翠镶嵌在清澈的湖水中，更像一个威武的金刚，护卫着西湖的绿。

整段围绕一个“绿”字着笔，写苏堤、柳条、湖心小岛都突出其“绿”，正对文题。

沿着苏堤继续向西，前往花港观鱼，湖中一条条鲜红的小鱼在绿水中游弋，像是碧波中跳动的红色宝石，使我的眼睛为之一亮；岸边的串串红开得奇艳，你若耐心等待，还可欣赏到“花落鱼身鱼啜花”的美景。

啊！西湖是“碧绿妆成一湖水”、“郁郁柳浪排成行”、“鱼儿金亮戏绿波”的完美结合，它是如此清新亮丽，如此美妙多情，真是好个“美西湖、绿西湖”！正如苏东坡所言：水光潋滟晴方好，山色空蒙雨亦奇。若把西湖比西子，淡妆浓抹总相宜。愿西湖永远美丽，愿杭州永远美丽。

结尾点题，引用名家诗句赞叹西湖之美，并表达了小作者希望西湖、杭州永远美丽的美好愿望。

名师点评

佳作开篇先概述西湖之美及其盛名，然后按游览顺序，描述在各个景点观赏西湖的感受。不论是在湖边、苏堤，还是在小瀛洲和花港观鱼，小作者描绘西湖的美都集中在一个“绿”字，角度清新独到，而且切合景色的特点。篇中综合运用了拟人和比喻的手法，把西湖的美景描绘得多姿多彩，充满情趣。结尾段恰当地引用古诗来写“美西湖，绿西湖”的形态，更显西湖的美好奇妙。

我家门前有块田

我家门前有块田，是我家的责任田。

开篇点题，点明所写对象。

这块田长溜溜的，如一弯新月。人们叫它小弯田，又叫它新月田。新月田面积在六分左右。爷爷在田埂上隔一丈远栽一棵桃树，又隔一丈远栽一棵李树。就这样，间隔着栽了六棵桃树、六棵李树。

春天，桃李花盛开。我一有空闲就陪着爷爷在我家二楼阳台上观看景色。你看，水银似的月光泻在清亮平静的水田里，可以清楚地看到山影、树影、花影和云彩的倒影。水面就成了画家绘就的一幅奇妙的水墨画。

三伏天，这块田里的稻穗悄悄地从粗壮而嫩绿的稻梗怀里伸出来，问候太阳公公和微风奶奶，还不时做出各种撒娇的动作，逗得太阳公公笑眯眯的，忙把自己的光和热无所保留地抛向它们；微风奶奶则伸出轻柔的手，一一抚摸它们。稻穗这时就张开微黄的小花脸，尽情地享受太阳公公、微风奶奶所赐

以拟人的手法描绘了稻穗和太阳公公、微风奶奶的“互动”，别具童趣。

予的疼爱。它们均匀地呼出淡淡的清香，吸引着成千上万的蜜蜂在稻丛中飞舞、欢歌……

到了收获的日子，黄澄澄的稻子好像厚厚的金毯子铺在田里。爸爸妈妈看着用汗水浇灌出来的丰收果实，开心地笑了，好像年轻了十多岁。

将丰收的稻子比作厚厚的金毯子，既写出其颜色之金黄，又写出其数量之多，比喻十分贴切。

冬天，雪花飘飞，田里的冰块晶莹透亮，好吸引人哟！我和弟弟有空就到田里去玩冰。那凉津津的感觉让我们忘记了什么叫冷，虽然手冻得像胡萝卜一样通红。

这块田，在我们村里是一块毫不起眼儿的"小不点儿"，如果稍不留意，你就会忽略它的存在。可是，它却以自己独特的淳美，向人们展示着自身的价值。

结尾升华文章主题，平凡的"小不点儿"却有其自身的价值，体现了小作者对自家责任田的喜爱之情。

名师点评

一块普普通通的责任田，在小作者笔下显得美丽无比。春天的月夜，水面汇集了各种景物的倒影，像一幅奇妙的水墨画；夏天，稻穗扬花，蜜蜂在稻丛中飞舞、欢歌；秋天，黄澄澄的稻子像厚厚的金毯子；冬天，冰块晶莹透亮，孩子们玩冰忘了寒冷。作文写得这样成功，一是融进了"我"对这块田喜爱的感情；二是通过细致观察，捕捉到了这块田各个季节最美的景象；三是恰当地运用了比喻和拟人的修辞手法。

我忘不了奶奶家那片竹林

暑假里，我回到乡下奶奶家。奶奶家后面有一片小竹林，是我们的玩耍天地。

总写竹林充满活力。

竹林里一年四季充满了活力。小鸟叽叽地叫着，在里面欢唱。竹林一片翠绿，风吹过，远远望去，像大海掀起了波浪。竹叶沙沙作响，走进竹林，仿佛掉进纯清的水中，顿觉遍体清凉。

早晨，太阳升起来了，像熔化的铁汁一般艳红，喷薄出耀眼的光芒。阳光透过密密麻麻的枝叶照进竹林，顿时，花儿开放了，鸟儿唱歌了，四处都充满了勃勃生机。一缕阳光射在石桌上，为竹林增添了几分幽静。

细致的景物描写，突出早晨竹林的幽静与生机。

中午，太阳发出强烈的光芒，照得我们眼睛都很难睁开，

中午竹林成了我们尽情

丛丛竹叶成了巨大的绿伞，为我们遮阳蔽日。我们便尽情玩耍，在里面“三国鼎立”，拿着竹竿“打仗”，胜者为王。当然哥哥当上了大王，我和弟弟学古人的语调，跪在哥哥面前“参见大王”。我们笑得直打滚，哥哥差点掀翻了“王位”。

玩耍的乐园。

傍晚，我们坐在小竹林里听爷爷奶奶讲故事，奶奶讲了个笑话，爷爷却讲了一个悲惨的故事：“有一家人，在困难时期，爸爸饿死了，妹妹饿死了，爷爷奶奶也到山外讨饭，一去无归，只剩下妈妈带了个孩子在家苦度光阴。亏得有一片小竹林，在竹林里，妈妈领着孩子挖野菜，掘竹笋，而得以活下来。”故事讲毕，我的心一动，追问爷爷，这孩子是谁，爷爷笑而不语。奶奶指着爷爷说：“远在天边，近在跟前。”爷爷伸手指着竹子说：“这片小竹林经受的苦难太多了，它永远在讲述着一个个凄凉的故事。”“不，”哥哥猛地站起来，说，“我听到它在唱歌，唱的是一首欢快的幸福的歌！”

傍晚，爷爷奶奶的故事给竹林蒙上了更迷人的色彩，有了更深刻的内涵，这是含情的竹林。

小竹林到底是在诉说，还是在唱歌？我被弄糊涂了。侧耳一听，满耳全是风吹竹叶的声音：“沙——沙——沙！”

名师点评

同一地点，时间不同，景色的特点不同。作者按时间顺序从早晨到中午到傍晚，每个时间段都描写了小竹林不同的优美景色，同时还描写了竹林里曾经发生过的动人故事。我们的活动也因为时间不同，内容不断地变换，给竹林增添了无穷的乐趣。文章的结尾是作者的精妙之笔，意韵深远，令读者意犹未尽。

修改百宝箱

修改指南

作文完成之后是不是就结束任务了呢？不是哦，我们还要对自己的习作进行修改、润色，这样才能得到一篇佳作哦！

1. 所写习作是否符合要求，是不是关于景物的描写，且描写时主题是否明确。如果不是，则应补充材料或重新选材。

2. 看内容是否明确，有没有体现出自己所要表达的中心思想，抒情是否健康、正面。错则更改。

3. 文章结构是否错落有致，该详写的应详写，该略写的应一笔带过。

段落之间衔接是否紧密，不紧密的可添加过渡句、段。

4. 语句是否通顺，有无错字、漏字。

病文评改

东湖美

一天，我们到东湖去玩。我们走进大门，就看到广阔的湖面波光粼粼。东湖的水平得像一面镜子，清得可以看得见湖底，绿得像一块翡翠。偶尔有游艇激起浪花，扩散出一道道美丽的水纹。

应该在“波光粼粼”前加上“在阳光照耀下”。

我们坐着游艇，穿过湖心来到磨山。同学们簇拥着向山顶爬去。来到山顶，一座亭子屹立在我们面前。亭子大约有三层楼高，上面是圆锥形的塔顶。每层的亭角向上弯着，像八颗锋利的大象牙。最高一层的横匾上写着“朱碑亭”三个大字。

“簇拥”宜改成“蜂拥”。

“弯着”宜改成“翘起”。

我们走进“朱碑亭”，只见四周有四根大红柱子，中间有楼梯。我们沿着楼梯，登上最高层，东湖美景尽收眼底。整座磨山，树木葱葱茏茏，美不胜收。

此段太过简略，应增加景物描写。

我们依依不舍地走出“朱碑亭”。亭前，有一块朱红色的巨石，上面刻着朱德爷爷的题词：“东湖暂让西湖美，东湖定比西湖强。”我想，朱爷爷说得对，东湖的自然风景在不久将更加迷人。

修改提示

本文描写了著名风景区——东湖的美丽景色。作者按地点转移的空间顺序来写，景物的空间相对位置交代清楚、脉络清晰，令读者一目了然。美中不足的地方有：①开头不吸引人，可以增加一些对东湖风景区的总体介绍；②第三段作者写到“东湖的美景尽收眼底”，但文章并未表现出来，可以适当补充；③文章少量词语应用不当，如“簇拥”改成“蜂拥”，“向上弯着”改成“向上翘起”等等。

星级评定园

世间的各种景物真是太美了，而且各具特色，经过此次习作，同学们想必领略了世间多样的风景，你的习作中有没有将它们展现出来呢？下面就自己来评定一下吧！

1. 写游览过的景物或身边的景物，内容具体。（☆）

2. 突出了景物的特点。（☆☆）

3. 语句通顺，行文流畅。（☆☆☆）

4. 结构严谨，详略得当。（☆☆☆☆）

5. 运用了多种修辞手法，语言优美。（☆☆☆☆☆）

拓展空间站

拓展习作

题目：名胜——××

思路点拨：1. 开篇交待此处景物所在地及地域特点，也可简述其历史背景；2. 对该名胜做一个总体而宏观的描写，也可当作远景来写；3. 采用移步换景或其他顺序来对此处名胜个中景物进行分写，注意有详有略。其中可掺叙自古以来文人墨客、历史名人等对其评价颂扬，旁征博引说明其悠久的历史文化；4. 结尾抒情，表达对这一奇胜的赞叹、热爱之情。

例文选萃：

西岳华山

在三秦大地上，有一座险要的高山，它就是被人们称为五岳之一的西岳华山。华山海拔一千多米，由好几座高大的山峰组成。当你快要步入华山脚下时，就会感到它的气势非凡，整个山势雄伟壮观，再加上云雾缭绕，朦朦胧胧，仿佛仙境一般。

远远望去，大大小小的山峰重峦叠嶂，高耸云端，十分诱人。近看，陡峭的岩石，形态万千。看，这一座山峰昂首屹立，那一座山峰插入蓝天，似乎高不可攀，使人大有望而生畏之感。

自古以来，华山以它的山势险要而出名。苍龙岭是一块巨大的岩石，卧在半山腰，它像一头威武的雄狮，占据着方圆几十里的地方。岩石两侧是悬崖断壁，登山的人手扶铁索链，脚踏岩石，领略大自然赋予人们的神奇风光。

千尺幢更是一个险要之地。两边高耸的山峰，中间夹着一条羊肠小道。那陡峭的石阶小道像一架云梯，从天空中斜插而下。又窄又陡的石头台阶，只能容得下人的一只脚。那弯弯曲曲的山路足有上千个石头台阶，因此得名“千尺幢”。千尺幢的山路上,有的地方山峰中间还夹着一块大岩石,好像快要掉下来似的,游人经过这里,都加快了脚步,生怕岩石会掉下来。

“鹞子翻身”是勇敢者们去的地方。两边的山峰中间悬着一块岩石,有一条索链连接在山两头的岩石上。登山的人要从这里过去,必须双手紧握索链,两脚凌空,才能过去。传说鹞子飞到这里,只有翻身飞跃,才能度过这里。

华山巍峨险要,清澈的泉水从山上直流而下,像一条白色的绸带,在山间盘绕。周围绿树红花。阳光从峰峦中射出无数把金黄色的“利剑”,照在华山高耸的山峰上,抹在华山陡峭的岩石上,撒在绿树清水之中,构成了一幅美丽的画卷。

华山像一首壮丽的诗歌,呼唤着国内外的游客。华山的景色真美啊,祖国的山河多么壮丽啊!

名师点评

读完此文,我们真真切切地感受到了华山的“气势非凡”、“雄伟壮观”。这不仅是华山的魅力,也可以说是本文语言的魅力。文章以点代面,通过对“苍龙岭”、“千尺幢”、“鹞子翻身”三处景致的细致刻画,向读者展示了整个华山的风采和神韵。结尾直抒胸臆,升华了感情,深化了主题。

话题作文

题目:感悟自然(感悟人文),我们生活在大自然之中,我们也生活在人类文明之中,大自然有大自然的鬼斧神工:“会当凌绝顶,一览众山小”的泰山,“飞流直下三千尺”的庐山瀑布,“淡妆浓抹总相宜”的杭州西湖……;劳动人民有自己苦心造诣的奇胜之景:惊绝天下的四川乐山大佛,人类奇迹万里长城,名扬天下的嵩山少林寺,举世闻名的秦始皇兵马俑……自然景观和人文景观都会引起我们的无限遐思……请以感悟自然(感悟人文)为话题写一篇作文。

思路点拨:这次作文写自然景观和人文景观都可以,写作顺序不定,既可以按游览顺序,也可以按时间顺序,注意要写出这一景物与众不同之处,同时要融入自己的感受和情感,写出由此景而生发的感悟。

例文选萃:

长城风光

小时候便听人说长城很雄伟，我家里又有长城雕塑，因此，在我幼小的心灵中，早就有一个心愿：一定要去登长城。

我的这个愿望终于实现了。

爸妈双休日带我去北京八达岭游玩，我饱览了久已向往的长城风光。

来到长城脚下，我们沿着入口的公路而行，不一会儿便来到长城上。在阳光的照耀下，长城就像一条巨龙，浮游于连绵起伏的大山上，又像是一条带子镶嵌在苍翠的山间。城墙足有十来米高，每隔不远就有一个垛口，站在垛口处可以看清周围的一切。城墙很坚固，真是古代北方的屏障啊！

从垛口处俯视长城的下面，一条小河随着山势从大小岩石的缝隙中流过，水流清澈，水势徐缓，小河两旁树木茂盛，到处都是竞相开放的野花。我抚摸着城墙大块的青砖，不禁想到，这样高大的山、崎岖的路，古代劳动人民是怎样把一块块青砖运上来的呢？当时既没有汽车又没有任何机械设备，可见古代劳动人民的聪明智慧，也可想象到他们付出多少血汗啊！

转过身来，看长城的高处，最显眼的是烽火台。我在书本里常常看到这个古代战争的“报警器”，这次我终于看清了它的真面目。只见它高高耸立，呈小山形状，顶儿是平的，前面是一条通道，左边有个石梯直通上边。它虽然经历了无数年代，饱受了无数狂风暴雨的侵蚀，然而整个外形依然完好。猛然间，我仿佛看到烽火熊熊烧起，侵略军铺天盖地而来，无数炎黄子孙凭借长城奋起反击……

站在长城上，望着这一切，真使人浮想联翩，流连忘返。望不尽的长城风光呀！作为炎黄子孙，我将刻苦学习，成为有用人才，将来才能为中华腾飞，为我国的现代化建设而贡献力量，才无愧于我们的祖国。

名师点评

小作者在游玩中善于展开联想和想象，这样就增强了长城本身的历史厚度，也让自己的思想上了一个台阶，得到了更多的收获。

读写联通屋

腾格里之冬

从小生活在内蒙古的我，最熟悉的就是生我养我的腾格里。

腾格里的天看上去并不高，感觉站在数层楼上，就可以摸着天。蔚蓝色的天空下，连绵不断的沙丘高高低低一直铺向远方，满眼的金黄色，一望无际，你看那沙丘，线条极美，各具妙姿，有的如彗星扫过，硕大的“脑袋”后拖着一条长长的尾巴；有的像闭目养神的老黄牛，弯曲的腰部留下一个静谧的沙窝；有的像蹒跚前行的骆驼，背上驮着两个高耸的驼峰……每个沙丘上，都长有稀稀疏疏的野草。那枯黄的茅草，在风中摇曳着。啊，正是大漠的风沙，磨炼出它那不屈的品格！

行走在腾格里沙漠，随处可见成群的牛、羊、马、骆驼。那些可爱的小羊羔三五只结成一帮，蹦蹦跳跳地跑来跑去，像一群淘气的小孩，显得格外活泼可爱。最让人赞叹的还是沙漠之舟——骆驼。它不怕风寒，更不怕沙击，蹒跚着行进，时而停下来吃吃草，时而又昂起头，像在寻找着什么……仿佛只有它才是这沙漠的主人。在金黄色的沙漠上空，还可以看到飞得十分潇洒的雄鹰，那可爱的小鸟也边飞边唱着动听的歌，好像在赞美这美丽的腾格里……

这就是腾格里，这就是冬天的沙漠。它在沉静中蕴含着安详，在安详中又洋溢着无限生机，孕育着美丽的春天……

我爱你，美丽的腾格里。

思考题

1. 第二自然段主要描写了什么景物？有什么特点？是按照怎样的顺序描写的？

2. 文章描写的是什么季节的腾格里？这个季节的腾格里有着怎样的特点？

3. 文章采用了哪些修辞手法？试各举一例。

口语交际　我发现……

交际指导

“横看成岭侧成峰，远近高低各不同”，从不同的角度观察同一事物，会有不同的发现。今天，让我们静下心来观察书上的三幅图。

1. 把我们一眼看上去的观察发现说出来。

2. 我们再仔细看每一幅图，把第一次没发现的说出来，比比谁观察的更细致一些。

3. 观察时，我们可以先看白色的画面，再看黑色的画面；可以先看上面的，再看下面的；也可以先看整体，再看局部；还可以先从正面看，再从侧面看。

4. 把我们的发现说出来后，再说说这次观察发现的感受。

交际例文

小松：我发现左边一幅图上有一棵大树，大树下面有一个老爷爷和一个老奶奶在谈话。

小青：我还发现大树的枝丫里有八个人的图像。这八个人中有中国人，有外国人；有汉族，有少数民族；有男的，有女的；有白胡子老人，有青年人；有的人戴着帽子，有的戴着眼镜；有的在仰望，有的在沉思；有的在说话，有的在微笑……

小雪：我发现右边上面一幅图上白色的部分是一个花瓶，黑色的部分像两个老人脸对着脸谈心。

小玉：我发现右边下面一幅图是一个外国老奶奶在那儿沉思，她穿着厚厚的绒衣，戴着头巾，头上还戴着一个翘起的头饰……我还发现一个美丽的少女托着下巴深思……

小青：通过这次观察图画让我感受到了观察的乐趣。

小松：我以后不管观察什么事物，一定要细心。

同步习作　写一则观察日记

题解金钥匙

我们每天的生活都是丰富多彩的,无论你是身在繁华喧闹的城市,还是身在宁静而充满自然芬芳的乡村。就看你是否有一双善于观察与发现的眼睛,是否有一颗易于被感动的心灵。

一棵小草,一株小树,一片落叶;一群蝴蝶,一只蜜蜂,一条小鱼……只要你去细心观察和体会,一定会感受到其中的无限情趣。

名师点津室

习作要求

本次习作内容是写一则观察日记,这则日记要记录你近来观察的某一事物,你是怎样观察的?你从中发现了什么?这个事物有什么样的变化?选取你最想告诉别人的内容写下来,题目自拟。当然你在观察的过程中,如果坚持写观察日记,也可以写一组连续观察日记,记录事物变化的情况。

发散思维

谈到写日记,同学们会问,观察日记写什么好呢?写作素材从生活中来,而生活是五彩缤纷的,学校、家庭、社会都会有许多值得我们去观察的事物,学校里我们可以写升旗做操,上课时、课间休息时同学们的种种举动,课外活动……家庭里我们可以写家务劳动,全家人的休闲娱乐、兴趣爱好……社会里我们可以写车水马龙的街道、小区里的人们在绿化带、健身器材区欢渡时光的情景,充满欢笑的公园……处处都可看见美和趣味,处处都是日记的素材。那么什么事适合用系列观察日记记录呢?比如:学做一件事(一种本领),做科学小实验,搞小发明创造,种植花草果树,饲养小动物,观察气候变化或大自然中的某种现象,了解某个人的性格特点……这些都是很不错的写作对象哦。就拿螳螂来说,螳螂不是一天长成的,它每天有每天的变化,可以用连续观察日记记下螳螂生长的全过程。

集中思路

1. 我们的身边每天都有许多新鲜的事情发生,许多新奇的事物值得去观察记录,到底选择什么来作为写作对象呢?选择自己最感兴趣的并且比较方便观察记录的内容来写吧。你会发现写系列观察日记的好处太多了。

2. 要有恰当的观察方法。可以按一定的顺序观察,也可以带着问题去观察。

3. 要把日记的格式写正确。要交代清楚观察的时间、地点、天气情况。

4. 写出观察结果,或对观察现象发表一点自己的见解,不大懂的可以问老师、家长,也可以查查资料。

技巧点拨

1. 选择观察对象后要进行认真观察,如实记录。

2. 不必每天记录,写作时间、日记的篇数随所记事情的情况而定。

3. 不仅记录自己是怎么做的,看到了什么,还要写下自己不同情况下的不同心情,写出自己的真实感受。

4. 如果写连续观察日记,几则日记之间衔接要紧密,显示出观察的连续性和事情的完整性。

习作提纲

示例:

会变的蚕

第一则:3 月 29 日. 蚕卵露出了头,爬出一只只小“蚂蚁”。(略写)
第二则:4 月 14 日. 蚕宝宝蜕皮过程。(详写)
第三则:5 月 10 日. 雪白的蚕宝宝快要做茧了。(略写)
第四则:5 月 12 日. 蚕做茧的全过程。(详写)
第五则:5 月 30 日. 蚕蛾破茧而出,交配产蚕卵。(详写)

抓住特点,注意联系,写出变化。

素材搜索库

精彩好词

凝视 奥妙 驱使 花蕊 厚实 饱满 耀眼 旺盛 储藏 浓郁
罕见 托着 伸出 顶着 卷着 陶醉 萎缩 短暂 装扮 孕育
高雅 颤悠悠 含苞欲放 逗人喜爱 粗壮有力 朴实无华 令人惊讶
逐渐张开 翩翩起舞 心旷神怡 独具风姿 沁人心脾 赞叹不已
妩媚诱人 婀娜多姿 昙花一现 显赫一时 扑鼻而来 四季常青
名不虚传 漫山遍野 得偿所愿 引人注目 轻风拂面 百花争艳

精彩好句

♠上午,我去同学家玩。走到半路,忽然看到一张悬挂在大树上的蜘蛛网。这张蜘蛛网大得好似卫星天线的“大锅”，图案像八卦图，一圈、两圈、三圈……足足有近百圈，每条丝粗得像钓鱼线！在最里层有一只核桃般大的大蜘蛛。

♠瞧，这棵老槐树！树干如龙，树冠如云，好像一座大山平地而起，遮天蔽日，相当威风气派。

♠菜园里，韭菜吐芽，菠菜努嘴，黄瓜秧分叶，豆角苗破土，畦畦朝气勃勃。

♠一个生命是多么的脆弱、多么的宝贵。它死了，根烂了，可能我太得意忘形了。明天，我要重新种一棵，可别让这次的再死了。

♠明天，又要上综合实践课了，我把水仙调理了一番，在调整的过程中，我发现许多芽里还包着小芽。我把水仙上的薄灰擦了擦，水仙看上去非常精神，很干净，很有吸引力。

♠今天早晨空气真好，晨跑了半小时后，我嚼着面包，一边吃一边看水仙。由于今天天气很好，水仙的每个枝都分开来，舒展舒展，放松放松，那个花骨朵，一个劲儿往高处钻，今天又比昨天长高了半厘米，真是让人高兴！

精彩段落

♠朵朵白玉兰像一只只洁白无瑕的玉铃在风中摇晃着，侧耳倾听，好似那清脆悦耳的铃声在风中传送过来。花朵有的含苞待放，像一支支白蜡烛；有的争芳斗艳，花朵中散发着浓郁的香味；有的倒挂枝头；有的斜插枝头；有的好像是一对情人在一旁低头窃窃私语；有的像白蝴蝶面对蓝天振翅欲飞。

♠乌龟非常喜欢吃生猪肉。今天，我拿了些肉丝伸在乌龟的面前，乌龟赶紧张开嘴巴，好像肉丝会自动掉到它的嘴里似的。过了一会儿，乌龟见没有动静，连忙睁开眼睛，见肉丝还在我的手中，并没有要掉到它嘴里的意思。于是，它就伸出四肢，撑起脚，拼命向上探。我把肉丝举得高高的，它怎么也够不着。这下乌龟生气了，把头和爪子、尾巴统统缩进乌龟壳里，不理我了。我见乌龟生气了，忙把肉丝放低些，乌龟还是不吃。“不吃拉倒，难道还让我求你不成?”这下我有点生气了，正准备收回手，忽然觉得手里的肉往下沉，不等我明白过来，肉已经没有了。只见乌龟吃着肉丝，眯着眼睛，好像在说：“怎么样，小主人？我还是吃着肉了！”望着乌龟那悠闲自得的样子，我把剩下的肉丝也给它吃了。

♠今天，秋高气爽，天高云淡。早晨我很早就来到学校看看水仙有什么变化。来到教室，我发现水仙像换了个人似的，昂首挺胸地朝南立着。我赶快量一量,哇,今天的小芽平均比昨天长了5毫米!我喜出望外,连午饭也比原来多吃一倍呢!

精彩开头

♠今天是双休日,早晨我起来晚了点,但却看见水仙早就醒了,正在晒太阳。我懒洋洋地走到阳台,翻了翻水仙的嫩芽,也没什么变化。突然,我发现最大的那棵水仙的靠近根的枝上又长出了一个大约半厘米长的小芽。

♠晚上8点左右,我家隔壁忽然闹哄起来,原来大家都到珍姐家去看那盆将要开放的昙花了。好奇心驱使着我也跑去看那奇异的景象。

♠北京体育馆里人声鼎沸,座无虚席。今天要在这里举行奥运会开幕式。八年前,我们走过一段艰辛的申奥之路,在“五环”精神的激励下,在全国人民的共同努力下,今天我们迎来了这激动人心的时刻。

♠今天我们做了一个贴鼻子的游戏。大家都很高兴。老师先在黑板上画了个人头,有眼睛,有嘴,还有头发,就是没有鼻子。这个鼻子等大家给他画呢。

♠这个星期六,就是一年一度的“三八”妇女节了,老师让我们进行一次为期5天的护蛋行动(就是每天让蛋跟着我们上学放学,要注意无论采取什么方法,都要让它不碎),让我们体验妈妈的辛苦。

精彩结尾

♠整个北京城成了欢乐的海洋。人们一次又一次地把鲜花、气球抛向天空,尽情地释放着自己兴奋的情怀。中国人终于站到了世界奥运的巅峰,扬眉吐气地向全世界人民宣告——中国第一。

♠可惜,那娇媚诱人、婀娜多姿的花朵,只开到12点就开始萎缩,时间是那么短暂,怪不得人们都说“昙花一现”!

♠我们一家都喜欢宝石花,因为它坚强耐旱,朴实无华。

♠这两只鹦鹉生气勃勃、天真可爱,给我的生活带来了许多欢乐。

♠我忽然想到:将来有那么一天,能让天气听从人们的指挥,不叫下雾就不下雾,那该多好!我相信这一天终将会来到。我们这一代不是都在为这一天的早日到来而奋发学习吗?

♠我想:蚕宝宝真是个好宝宝,它把丝吐尽了,留给人们,自己却不声不响地死去,一点儿没有私心。这种高尚的品格值得我学习。

♠我们不能离开集体,小烧火鱼也不能离开伙伴。我痛苦地把它放进了鱼塘里。小烧火鱼向我摆摆尾巴,它是向我道谢呢。

啊!再见了小烧火鱼,再见了我的伙伴……

♠又过了几天，茉莉花的花瓣逐渐变黄，慢慢开始凋谢，花瓣一片一片从枝条顶端落下来……

我爱茉莉花白色的花瓣，也爱它的芳香，但我更爱它妖而不艳的精神。

精彩题目

《鹦鹉观察日记》《会变的蚕》《可爱的波斯猫》《我的狗伙伴》《宝石花》《看昙花》《山茶花》《梅》《一只小山雀》

范文点评台

看月食

6月17日　　星期六　晴

昨天听广播说，今天凌晨有月全食，我洗完澡就睡了。到了凌晨三时，爸爸将我和小弟弟从睡梦中喊醒，一起到楼下看月全食。“咦，月亮刚才还是好好的，怎么现在缺了一块呢？会不会是天狗吃了一块呢？”站在一旁的小弟弟惊叫起来。我和爸爸听了小弟弟的一番话哈哈大笑起来，然后慢慢地告诉他，其实世界上并没有什么天狗，那只是一个神话传说罢了。小弟弟眨着他那又圆又大的眼睛说：“那月亮怎么缺了一块呢？”我向小弟弟解释道：“是地球转呀转，转到了太阳和月亮的中间，遮住了太阳，太阳的光线射不到月亮上，月亮就慢慢地变黑了。”小弟弟听了似懂非懂地点点头。

（通过“我”、爸爸、小弟弟的对话，介绍了月食形成的科学原理。）

大约快到三时三十分的时候，月亮变弯了。正如儿歌里所说“月亮弯弯，像条小船，星星呀星星，全都坐上。”又过了一会儿，月亮又变得像把镰刀，细细的弯弯的，大约凌晨四时的时候，月亮全没了，只剩下个古铜色的影子了。

（引用儿歌，很有趣味。）

接着，月亮像镰刀，像小船，像咬了一口的月饼……月亮又慢慢地圆了，这时差不多已经六时了，我依依不舍地回到家中。

（一组比喻，很贴切，形象地写出了月食过程中月亮逐渐变化的形态。）

名师点评

这则日记，通过对话，从科学的角度介绍了月食形成的原理，又运用比喻、拟人介绍了发生月食的全过程中月亮的形状。全文写得生动、真实、有趣，在趣味中给读者以知识。

荷花

7月11日　　星期日　晴

我喜爱荷花，每年夏天荷花盛开的时候，我总要到公园去欣赏它。

今天是星期天，我和爸爸一块儿来到公园。一场雨过后，空气格外清新，我们刚进大门，就闻到从荷塘飘来阵阵沁人心脾的清香。我想荷花一定开了不少了，便径直奔向荷塘。在荷塘边凭栏俯视，只见荷塘里开满了白色的、粉红色的荷花：那白的像雪，粉红的像彩霞。有的躲在叶子背后，露出半张脸，像含羞的小姑娘；有的从荷叶中探出头来，亭亭玉立，含笑怒放；有的才刚刚含苞，像睡美人还没醒呢。那一张张圆盘似的碧绿荷叶，有的高出水面，有的贴在水上，高高低低铺满了池塘。叶上的水珠在阳光下熠熠闪光，像一颗颗晶莹透亮的珍珠。偶尔一阵微风吹过，那荷花便迎风摇摆，宛如无数穿着绿裙子的美丽仙女，在湖面上翩翩起舞。

比喻、拟人，生动、形象地写出了荷花的颜色、情态。

排比、拟人修辞手法写出了荷花各异的形态美，令读者心生喜爱之情。

荷叶、荷花相互映衬，相得益彰。

这时，爸爸问我："你为什么喜爱荷花呢？"

我说："因为它有美丽的姿态。"

爸爸便告诉我："荷花是荷开的花。荷也叫莲，是水生草本植物。它不仅花可以供人观赏，到了八月莲花凋谢了，还留下了绿色的花托，结着莲蓬，里面藏着二三十颗莲子，池底的污泥中还长着鲜嫩的莲藕。莲子是可口的滋补品，还可以入药治病；莲藕可以生吃，也可以制成藕粉，是夏令清凉食品，荷对人类的贡献可大啦。你看，荷花生在污泥中，艳丽而不娇娆，香气越远越觉得清幽，所以古人称赞它是——"

写荷的实际用途，突出其内在美。

"出污泥而不染！"我赶紧接着说。

"对！"爸爸笑着说，"所以荷花不仅有漂亮的外表，还有高尚的精神。"

赞美荷花的高洁品质。

这次赏荷，使我对荷花有了更深的了解，我更爱荷花了。

抒发感情。

名师点评

本文写的是荷花。作者根据观察所得，先写荷花池，然后描绘荷塘里的荷花和荷叶，接着再写莲和藕，最后赞美荷花“出污泥而不染”，文章显得层次分明，条理井然。特别是具体描绘荷花荷叶时运用了许多形象的比喻和拟人手法，使文章更显鲜明、生动。

一次有趣的实验

9月18日　　星期天　晴

我们都见过老鼠，并且知道老鼠的嘴周围长着许多胡子。

为什么每只老鼠都长着胡子呢？我问过一些老师和同学，他们只是说老鼠长胡子是一种生理现象，和人一样，没什么大惊小怪的。可是，人是男的长胡子，女的不长，为什么老鼠不分雌雄都长胡子呢？我决心把它弄个水落石出。

> 疑问句，吸引读者，设置悬念。

今天，爸爸妈妈收拾我家放粮食的屋子，在屋子的一角发现了一个老鼠洞。我想捉几只老鼠做实验，就先用筛子盖住前洞，然后提来一桶水，从后洞往里灌。果然，逮住了几只老鼠。说来也巧，其中正有一雌一雄两只大老鼠。我灵机一动，赶紧找来细绳拴好鼠腿，然后，又找来剪刀，把雌鼠的胡子剪掉，接着把这两只老鼠放在洞口附近。我发现那只雄鼠用胡子探测了一下周围，然后便机灵地钻进洞里。而那只雌鼠呢？东跑西撞，怎么也找不着洞口了！

> 自己动手捕鼠、做实验，终于发现了老鼠胡子的一个作用。

“这么看，老鼠的胡子作用还真不小呢！”

我一边自言自语，一边想：老鼠常在夜里出来偷粮食吃，为什么它们能够做到摸黑照样偷粮食呢？难道真的是老人们常说的“老鼠有夜眼”吗？这胡子跟夜里偷粮食有没有关系呢？于是，我决定把这次有趣的实验进行到底。

> 进一步设问，使问题层层深入。

到了晚上，我把灯关上，把剪去胡子的两只老鼠放在地上。借着窗口射进来的淡淡的月光，我欣喜地发现，这一雌一雄两个小东西正盲目地东窜西撞，不时发出“吱吱”的叫声，却总也找不到洞口。

这是一次多么有趣的实验啊！更有意义的是，通过自己的亲自实践，我终于明白了：原来老鼠是用胡子探路的啊！

> 得出实验结论，指出老鼠胡子的功用。

名师点评

这则日记层层设问,紧紧抓住读者的心,让读者与作者一起思考;同时,这则日记通过真实实验说明老鼠胡子的功用,很有说服力。也说明小作者善于动手,勤于动脑。

老师的目光

喜悦的目光

11月4日　星期一　晴

学生最喜欢看老师那喜悦的目光了,因为这目光表示着我们的进步。今天的体育课上,我就看到了这种目光,而且这目光是迎着我来的。

50米达标测验正在紧张地进行着。不一会儿,就叫到我和徐艳。发令员一声枪响,我和徐艳像离弦的箭一样向终点跑去。郭老师在一旁一边拍手,一边大喊着助威:"快快快,9秒1,9秒2……到!"我的心怦怦直跳。能不能达标呢?我心中没有底,但又很自然地向郭老师望去。啊,不用说,我知道达标了,因为我发现了郭老师眼睛里放射出来的是表示着我们取得进步的目光——喜悦的目光。你看,他本来不很大的眼睛这时简直眯成了一条线,那目光就像春天淡淡的云缝里透出的光,使人感到那么温暖,那么惬意。

写得非常具体,突出了喜悦。

忧虑的目光

11月7日　星期四　少云

早晨,陆老师拿着一叠数学考卷走进了教室,和吴老师嘀咕了几句什么。慢慢地,只见吴老师布满笑容的脸上一下子罩上了一层阴云,眉毛间出现了一个"川"字形的疙瘩,额角上显出了几条深深的皱纹,眼皮重重垂了下来,目光显得那样的黯淡、无力,就像被乌云遮住的太阳。吴老师的表情这么一变,大家还真有点摸不着头脑哩。但是,大家都知道,肯定是谁违反了纪律或者是学习退步了。果然不出大家的意料,只见老师拿着一张考卷,慢慢地走到唐雪梅跟前,把考卷放到她的面前,卷子上清清楚楚地写着一个"65"分。只见吴老师用

外貌、神态描写,突出了忧虑。

比喻形象、贴切。

沉重的语气说了声："你最近是怎么啦？要记住这个教训啊！"

名师点评

这是一名学生对老师目光的观察。作者通过对老师的两种目光的观察与描述，反映了老师对学生的一片爱心。从"喜悦的目光"里，看到了老师对学生进步的欣慰；从"忧虑的目光"里，我们看到了老师对学生学习退步的深深忧虑。这一切，都集中到了一点，就是老师对学生的关心与爱。两则日记，组成一个整体，从多方面反映出老师的高尚情操与师德，条理井然有序，文章结构严谨。

猫的一家

9月7日　　星期三　　晴

今天清晨，我刚起床，妈妈告诉我："咱家的大母猫生了一窝小猫！听到这个消息，我高兴得连鞋都没顾得穿上，就跑到厨房。

"没顾得"穿鞋，可见兴奋之情。

只见大母猫旁边倚着三只小猫。一只黄的，一只黑的，还有一只花的。小黄长着一身金黄的绒毛，毛色一道深一道浅，好像斑马一样。小黑是三兄弟中最小的一个，尾巴总是耷拉着。花花呢，皮毛十分美丽，一块白，一块黄，一块黑，就像梅花鹿一样，是十分少见的"三花猫"。这三个可爱的小生命，眼睛都还没睁开呢，只会使劲地吮吸母乳。我真喜欢这三只小猫！

观察仔细，对三只小猫的不同外形进行描写，写出了三只小猫的可爱！

9月10日　　星期六　　晴

今天，三只小猫已经睁开了朦胧的双眼，我把自己的玩具小羊放到它们中间。它们一见，吓得四处奔逃。过了一会儿，见这"怪物"不进攻，也不嚎叫，身为"大哥"的小黄便窥视着对方，慢慢地匍匐前进。到了小羊身旁，围着小羊嗅了嗅，用尾巴碰了碰对方，"喵喵"的叫了几声。见对方还是没动静，这才放了心，大胆地"骑"到小羊身上，好像一位得胜的大将军。那两只小猫见"大哥"竟"打败"了大怪物，也跑了过来，

作者用词生动准确，笔下的三只小猫活泼可爱！

向"大哥"献"殷勤",一个用身子蹭"大哥"的脸,另一个用舌头舔"大哥"的肚皮,尾巴还一个劲地摆来摆去,真是逗人喜欢!

10月7日　　星期五　　晴

今天是小猫满月的日子,我破例把它们从厨房里放了出来。小猫抬起小圆脸,认真地注视着我的举动。我克制不住自己那喜悦的心情,情不自禁地将它们一齐抱在怀里,它们的毛皮是那样的光滑、柔软,给人一种温暖、舒服的感觉,让人爱不释手。

语句中饱含着对小猫咪的爱。

大母猫懒洋洋地躺在榆树下休息。三只小猫爬到"母亲"的背上,试图抓住它那又细又长的尾巴。胖乎乎的小身子像一团团美丽的绒球,滚在一起。当大母猫想与我亲近的时候,小黑便故意在我俩中间跳动。由此,我猜想到猫和人一样也有妒忌心。

下午,它们又为争夺食物展开了激烈的战斗。小黑先来到食盘边,它先吃一点食物。这时,玩够的小黄和花花也来了,见到了食物,就大口地吞了起来,还发出呜呜的叫声,识时务的小黑悄悄地溜到了一边。

小黄吃着玩着,霸道地一屁股坐在食盘上,花花见状生了气,于是它俩便厮打起来。小黄仗着自己个头儿高,丝毫不把对方放在眼里,首先发起进攻。只见它高高跃起,扑向花花。花花不慌不忙地把身子一侧,小黄不但没有抓着,反而把自己碰了个晕头转向。这增添了小黄的怒火,它再次跳起,这回花花来不及躲闪,两只小猫滚在一起,花花咬住小黄的尾巴,小黄揪住了花花的胡子。正在难解难分的时候,它们的母亲来了,把两只小猫压在身下,以示惩罚。这种惩罚,我从来没见过,于是,我"扑哧"一声笑了。大母猫转过身子来,对我"喵"了几声,好像在说:"你看,我的孩子多淘气。"

细致的动作描写,把小猫一家写得多么富有"人情味"啊!

瞧!这一家子多有趣啊!

名师点评

日记写得好坏在于观察是否细致、描绘是否精妙。这篇习作的特点便是观察细致、描绘精妙。

第一则日记写小猫的出生,少有活动。作者着重描绘了它们的皮毛颜色。色彩描写十分细致。第二则着重写小猫们的新奇、大胆,先“嗅”,接着“用尾巴碰”,“‘喵喵’的叫了几声”,最大的“‘骑’到‘小羊’身上”。动作描写活灵活现。第三则写小猫一家的游戏,小猫之间的争斗,写得很有趣味。

三则日记各有自己的中心,各自完整,结构严谨,主题突出。

修改百宝箱

修改指南

针对此次观察日记,我们修改时应注意以下几点:

1. 看观察是否细致,描写是否具体。

观察不仅是要看,而且要仔细看。观察是写作的准备,没有细致的观察,就不可能有具体生动的记叙和描写。首先,要观察描述的对象,紧紧抓住它的外部特征。其次,可以观察这一物体的生长变化情况。

2. 看是否抓住了特点。所谓特点,是指这一事物区别于另一种事物的标志。比如写大象,就得把它的鼻子描写一番,因为鼻子是大象最有特点的地方。写猴子就不应该写它的鼻子了,因为它的鼻子没有突出之处,应该写它灵巧的四肢。

3. 看重点是否突出。写文章一定要突出重点。要突出重点,叙述就一定要有详有略,有了重点,文章就有特色了。

4. 看联想是否合理。鸟没有翅膀就不能翱翔蓝天,文章没有想象力就会失去魅力,如果作文能加入自己的想象和联想,文章的语言就会更生动活泼,内容就会更充实,表达的感情就会更强烈。

5. 看表达是否准确,语言是否生动。

在描述物体的时候,一定要讲清物体的大小、长短、高低,力求准确。运用词语时,一定要恰当选用,不要含糊、夸大,是怎样就怎样写。这样读者看完以后,就能清楚地在脑海里把物体浮现出来。

病文评改

观日出

10月6日　　星期五　晴

天还没亮，老师就带着我们迎着秋风登上回雁峰去看日出了。

天边已露出了鱼肚白。渐渐地颜色越来越浓了。由淡红色变成桔黄色，又由淡红色变成粉红色，一会儿红通通，一会儿金灿灿，还有半紫黄的颜色，还有些说也说不出、见也没见过的色彩，真是五彩缤纷。朝霞的形态真是千姿百态，变化万千。

这时天空全是红的，东面像着了火。同学们都目不转睛地盯着东方最红的地方。一个耀眼的红点，从东边跳出来。邓庆华连忙叫道："太阳出来了！太阳出来了！"半个太阳涌出地平线，好像半个火球在一个大盘里滚动。整个红日，徐徐升上蓝天。它是那么圆，那么大，那么红，那么亮，那么可爱。空中的红霞都镶上了金边，天红了，地也红了。鸟儿飞出来，迎着朝阳唱起了歌。太阳笑眯眯地把一件无边无垠的金色衣服，披在我们身上。

太阳出来了，赶走了黑暗，给我们带来了光明、温暖和欢乐。一个同学笑着指着陆老师，说："你们看，陆(绿)老师变成红老师了。"陆老师也笑着对我们说："你们都变成金娃娃了。"大家都笑了。

太阳越升越高了，我们沐浴在金色的阳光里，感到无比温暖，无比幸福。

"淡红色"和"桔黄色"应调换位置。

"一个耀眼的红点"前加"忽然"，"半个太阳"前加"一瞬间"，"整个红日"前加"又过了一会儿"。

"无边无垠"应改成"无边无际"。

修改提示

整体看来，本文算是一篇优秀的写景作文，小作者将日出的美丽景色较全面、较清晰地展现在读者眼前。但美中不足的地方有：①文章第二段作者写"朝霞的形态真是千姿百态，变化万千"，但在文章中并无具体表现，可以增加一些表现变化的语句，如"朝霞像一只展翅欲飞的雄鹰""像奔腾的骏马"等等；②文章第二段在介绍"日出"的过程时表述有些混乱，宜增加部分表示时间转移的词语，如"忽然""一瞬间"等等，增加文章的条理性；③部分词语使用不当。

星级评定园

同学们，相信在经过此次观察日记的习作之旅后，你一定在仔细观察和描写事物变化特点上有了长足的进步。下面就来自我测评一下你的习作吧！看看你能拿几颗星！

1. 日记格式正确，内容具体。（☆）

2. 语句通顺，标点符号使用得当。（☆☆）

3. 观察仔细，写出了观察对象的变化特点。（☆☆☆）

4. 使用了比喻、拟人、排比等修辞手法，使文章更生动，富有情趣。（☆☆☆☆）

5. 语言饱含作者的感情，能表现出对观察对象的喜爱之情。（☆☆☆☆☆）

拓展空间站

拓展习作

题目：日记一则

写一篇生活日记，记录最难忘的一天。

思路点拨：日记并不难写，日记写的是自己一天工作、学习和生活中看到的、听到的、做过的、想到的事。日记的内容和形式多种多样，可以写生活日记，可以写学习日记，可以写观察日记，也可以写自己的心情或不愿告诉别人的心事、小秘密等。但是有一点要注意，日记和其他应用文一样，有自己固定的格式。日记一般不用写题目，先在第一行中间写清楚年、月、日、星期几和当天的天气情况，然后空一行开始写正文，就是日记要记的内容。写日记要学会选择内容。选择一天中自己感受最深、觉得有意思或者有意义的一两件事来写就行了。不能把从早到晚的事统统都记录下来，那样会写成流水账的。

例文选萃：

看企鹅

3月15日　　星期天　晴

早上，春光明媚，万里碧空飘着朵朵白云，正是外出游玩的好天气。我做完作业就兴致勃勃地上动物园玩去了。

动物园里的动物可多了，有可爱的海豹、凶猛的老虎、笨重的黑熊……这么多的动物真让我大饱眼福。

“咦，前面怎么这么热闹?”我赶快跑过去，可是人太多了，我什么也看不到。突然，人群中有人高声喊道：“来了，来了，出来了!”“是什么呀?”好奇心使我不顾一切地往人群中挤。踩到人家的脚了，人家向我投来责备的目光，我顾不了那么多，便又是一个劲儿地挤上前去看个究竟。

只见一只只企鹅排着整整齐齐的队伍从小屋里出来了。它们披着黑大褂，挺着圆滚滚的白肚皮，翘着嘴巴，还拍着一对小翅膀呢，真有趣!

这时，饲养员端上来一盆食物给企鹅吃。我暗暗想：嘿! 这下，我要看看哪一只企鹅最厉害，抢到的食物最多。正当我一心等着看好戏的时候，企鹅们却像受过训练的士兵似的，排着整整齐齐的队伍，一个接着一个非常有秩序地吃起了食物。

“姐姐，能让我看一下吗?”突然，刚才被我挤在后面的小妹妹拉了拉我的衣角说。看看遵守秩序的企鹅，想想刚才蛮不讲理挤上前去的我，我的脸“刷”地一下红了，羞愧地低下了头。我悄悄地往后退了两步，把位置让给了小妹妹。

名师点评

这是一篇十分有趣的日记，一只只企鹅被写活了：“它们披着黑大褂，挺着圆滚滚的白肚皮，翘着嘴巴，还拍着一对小翅膀呢……”可见小作者观察力很强，且擅长抓特点描写。这又是一篇有教育意义的日记，小作者为了看企鹅不顾一切往里挤，踩到人家的脚也不顾，把小妹妹挡住了也不理。可是当她看到小企鹅排着整整齐齐的队伍，非常有秩序地吃食时，脸红了，于是悄悄地后退两步，把位置让给了小妹妹。

话题作文

题目：童年，人一生中最幸福的时光是童年。童年发生的事情往往充满稚趣，又美妙无比，你的童年一定有许多值得回忆的事，请以“童年”为话题，写一篇文章。

思路点拨：这是一篇关于童年的作文，它主要是把过去的事用回忆的方法写出来，可以写你童年的趣事，也可写憾事；可写成功，也可写失败；可写亲人之间的爱，师生之间的情，也可写伙伴之间的友谊、同学之间的摩擦等。另外，你童年时难以排遣的烦闷、考试之前的紧张、一次胆大的冒险活动等都可以成为你笔下的内容。

在记事的过程中，将记叙文的六要素交待清楚。此外，还要把事情的经过写具体。

例文选萃：

捉月亮

在我童年的港湾里，盛满了姹紫嫣红的花瓣，随着几度潮涨潮落，片片花瓣悄然汇入了记忆的长河。如今我每每在童年的港湾里追寻那飘逝的花瓣时，心中总会涌动着股股眷恋之情。

这是发生在我五岁那年的故事。

一天晚上，月亮像个大玉盘似的挂在空中。无意中我看见盛满水的缸里有一轮圆圆的月亮。我高兴地跳了起来，连忙跑到我的好朋友莹莹家里，得意扬扬地告诉她："我家有个月亮，你家有吗？"

"哼，别吹大牛了，我才不信呢！"

"不信拉倒！反正你家没有！"

莹莹最终耐不住月亮的诱惑，还是和我一同来到我家。我指着水缸里的月亮说："怎么样，稀奇吧？"

莹莹相信了，可她又眨巴着大眼睛用疑惑的口气问："这个月亮怎么这么小呢？"

我想了想，一本正经地告诉她："这还用说，天上的月亮是这个月亮的妈妈呗！"

莹莹不作声了，我们一动也不动地望着"月亮"，生怕它跑了。

不一会儿，莹莹又开口了："要是它跑了怎么办？咱们就不能和它玩儿了。"

"这……"是啊，万一月亮跑了怎么办？我眼珠一转，又来了一个主意。"我来做一休，一休可聪明了，一定会有好办法的。"说着，我便学着电视里一休的样子，盘着腿，闭着眼睛，两只小手在脑袋旁不停地转动着，口中还念念有词："一休一休，想个办法，怎样才能使月亮呀，不逃不逃……"还真灵，我果真想出一个好主意。

我连蹦带跳地跑进屋里，拿出一个脸盆。莹莹对我的举动迷惑不解，我调皮地向她眨着眼睛。她这才明白过来，连忙和我一起将脸盆扣在水缸上，我俩这才舒了口气。

第二天，我掀开脸盆，急得大哭——月亮不见了。妈妈连忙跑出来，问我怎么回事，我一边哭一边将事情的经过告诉她。妈妈恍然大悟，笑着说："琴琴，那不是月亮，是月亮的影子。"可我不肯罢休，还是哭着要月亮。妈妈只好说："别哭，妈妈晚上再给你捉一个。"

现在，我再不会说要月亮的傻话了，再不会掂起脸盆扣在缸上捉月亮了，因为我长大了。不过，我只想个儿长高，不愿心儿长大，因为我想永远有颗童心，哪怕活到九十九。

名师点评

《捉月亮》这篇文章写得生动有趣。小作者用童眼看世界，用童语表童心。从文章的字里行间流露出作者对童年生活的留恋。首先作者选材新颖，以极富儿童特色的语言，叙述了一个饶有趣味的童话故事。如"不信拉倒""反正你家没有""这还用说，天上的月亮是这个月亮的妈妈呗！"这些生动活泼的语言，以及形象的比喻、富有哲理的句子，给读者以深切的回味。小作者富有创意的体裁，脱俗的写作手法很值得提倡。

读写联通屋

鸭鸭的故事

初到新家

3月19日　　星期三　晴

小鸭鸭刚来到这个世界上，它们一个个都害怕极了，在路上不停地叫嚷着。回到家，我把这些可爱的小生灵放在客厅里。不知怎的，大热天，它们个个都冷得直打哆嗦，小翅膀紧紧地靠着身体。我找来一个大纸箱，放上一些棉花，为小鸭子做了一个"舒适的家"。四只小鸭都非常漂亮。最显眼的要数那只黑色的小鸭子。它全身黑油油的，背上有四块整齐的黄毛，像四朵鲜艳的花儿，眼边上有一条线纹，好像艺术家精心雕刻而成的一样，它就叫做“黑将军”。其他三只体貌相似，身体呈淡黄色，头顶上有一道叶子似的条条。

乖乖落水

3月25日　　星期一　　晴

今天，当我一个箭步冲到院子里时，发现我最心爱的小乖乖两脚朝天，躺在浅水洼里挣扎。我飞也似的跑回屋去，拿了一块柔软的布，将“乖乖”裹住，然后紧紧地捧在手里，不时地轻轻抚摸着它。我把小米喂到它嘴边，“乖乖”有气无力地啄了几口米，便躺在我的怀中不动了。看着它伤心、可怜的样子，我觉得自己更加怜爱它了。

小鸭啄金鱼

3月30日　　星期三　　多云

今天，我和妈妈要给家里的鱼儿换水。小鸭子们就像早知道了这件事似的，翘着小屁股，一扭一扭地跑了过来。我把鱼儿捞出来，放在另一盆水里。小鸭们围着水盆急促地嘎嘎直叫，仿佛在说：“我们要吃鱼，我们要吃鱼。”我看着它们的样子，笑得前仰后合。小鸭子才不管这些呢，只管看着小鱼儿在水里自由自在地游来游去。小鸭围着水盆直转圈，小鱼在水中加快了速度，不停地游呀游，它们在地上也跟着加快了速度，跑呀跑。给鱼儿换好了水，小鸭更急了，目不转睛地盯着小鱼儿，隔着鱼缸“当当”地对着小鱼啄了起来。鱼儿才不管它们呢，快乐地在水中嬉戏。唉！这些可爱的小傻瓜！

思考题

1. 这篇连续观察日记有三则，每则都有一个生动的小标题，分别写了小鸭________、________、________的三个故事，表达了作者____________之情。

2. 文章语言生动、有趣，写得活灵活现，呼之欲出，请你把自己最喜欢的句子抄写下来，并说说这个句子的妙处。

____

3. 仿照第一则里描写小鸭的手法，写一写你喜欢的某种动物。

口语交际　我们自己的童话

交际指导

同学们，严格说来，白云和河水只能天天见面，而不能开口说话，但在这既非真实，也非虚妄的天地间，白云和河水都长了嘴巴，而且居然开口说话了，因为开口说话了，他们之间就发生了一些故事，白云和河水之间究竟发生了什么故事？让我们想象一下，然后来一段童话接龙好不好？

1. 这次童话接龙要以白云和河水为主人公，当然还可以加鱼儿、雷公公、雨婆婆等其他形象。

2. 想象一下，白云和河水谁先开口说话，说了些什么话，再想象一下它们之间是否会发生矛盾，发生了什么矛盾，是谁帮它们解决了矛盾，最后的结局又怎样。

3. 童话接龙时，后一个同学尽量顺着前面同学的思路说下去，前后要合乎情理。

4. 讲的时候，要根据人物形象的特点，模仿人物形象的语气，做到惟妙惟肖。

交际例文

小林：有一天，白云骄傲地对河水说："我多漂亮啊，我多高啊，我看得多远啊！人们总用美好的词赞美我。河水，你看你多可怜，只能在地上流啊，流啊……"

小玉：河水说："白云，你不要太高傲，我们河水虽然在大地上，虽然没你那么漂亮，可我们在为人类作贡献，我们生活得很快乐，很幸福。"

小青：白云说："哼！你看你多丑啊，还说幸福快乐？"

小林：河水气极了，决定报复白云。他们向地底下钻啊，钻啊，钻得无影无踪。白云也因为没有水汽的补充，越来越少，越来越丑。

小玉：河水少了，河里的鱼儿快死了。鱼儿跑到雷公公、雨婆婆那儿去告白云和河水的状。

小青：雷公公、雨婆婆把白云和河水喊到跟前，教育白云道："你们两个，谁也离不开谁，只有团结起来，你们彼此才能生存。"

小林：经过教育，白云和河水和好如初了。他们在雷公公、雨婆婆的帮助下，白云有时化成水落到大地上，成了河水；河水在阳光的照耀下，变成水汽，升到天空，成了白云。世界因为他们成为好朋友，互相合作，变得越来越美丽。

同步习作　编个童话故事

题解金钥匙

想自己编个童话故事吗？好的！请你轻轻闭上双眼，放飞你想象的翅膀——哇，在美丽的大自然里，你成了一朵白云、一朵雪花、一滴水珠……你与花儿共舞，和山川同唱，还和小草说悄悄话呢！听——蒲公英的种子在喋喋不休地诉说自己的烦恼；看——绿叶小姐急着要挣脱大树爷爷的怀抱，去展示自个儿的美……嗨，原来事物之间正发生着这么多奇妙有趣、丰富多彩的故事！如果能把这些故事用自己的笔记下来，将会是一件多么愉快的事啊！

名师点津室

习作要求

本次习作的内容是编写童话，这也算想象作文的一种，同学们的想象必须大胆、新奇，又合乎情理。同时你编写的童话故事必须情节完整，叙述清晰。

发散思维

这次作文要充分发挥想象，选择几种动物，或者几种植物，或者几件物品作主人公，然后根据笔下主人公在现实生活中的特征，想象笔下的主人公像人一样说话、行动，具有人一样的神态、心理、思想感情等。可以用第三人称写，也可以把自己当作童话故事里的主人公，用第一人称写。想象笔下的动物、植物、物品之间可能会发生一些什么故事，要把故事的前因后果写清楚。

集中思路

编写童话虽然是天马行空的想象，材料选择可以自由发挥，但童话本身必须有寓意，要通过童话故事间接反映人类社会现实生活中的一些事情，表达一定的中心——或者赞颂什么，或者批评什么，童话故事也要围绕中心来写。

技巧点拨

1. 写作时可以尝试变换角度，从前人未曾涉及的方面来编写，这样编写的故事更加新颖。

2. 要通过叙述故事，通过写主人公的语言、动作、神态、心理，表现主人公的性格特点，这样你笔下主人公的形象才能更加真实、饱满。

习作提纲

示例：

蛀牙小可的遭遇

开头：写牙齿小可变成蛀牙之前深受主人和兄弟们的喜爱，小可过着快乐的生活。（略写）

中间：由于主人的疏于照顾，小可的健康受到了损害，渐渐变成一颗蛀牙，在这一变化过程中，周围人们（主人、兄弟们、旁人）对它的态度也产生了变化。这一部分详写，要着重刻画小可的心理活动及它的感受。

结尾：小可成为蛀牙危及了主人的健康，最终被拔掉了，结束了它短暂的一生。抒发小可临终前的心声。（略写）

素材搜索库

精彩好词

美丽　善良　忠诚　保佑　伤心　哭泣　可怜　飞翔　辩解　魔法
天堂　地狱　惩罚　宝箱　骄傲　金宫　水晶　精疲力竭　喜出望外
一声不吭　光彩照人　毫无办法　幸福宁静　安然无恙　犹豫不决
痛痛快快　闪闪发亮　自吹自擂　肥头大耳　四脚朝天　瘦骨伶仃
抓耳挠腮

精彩好句

♠小糊涂神把所有的星星都装进飞船送上天空，星星终于返回了天空。

♠我把彩霞的艳丽，星星的光彩，生命的甘泉全注进花粉里，用翅膀不停地扇呀扇，虽然累得头昏眼花，还是不停地扇呀扇，终于一股芳香扑鼻而来，我总算酿成了一种幸福的生活之蜜。

精彩段落

♠“花要开得好，还要开得早！”已经半残的杏花把话题转了开去，“我是冒着春寒开花的，在这北方的没有梅花的花园里，我开得最早，是带头的，可是那些耍笔杆儿的，光是松啊，竹啊，说他们怎样坚贞，就没人看见我这种突出的品质！”

♠笨狼和小朋友们来到大操场，在跑道上排好队伍。老师让大家跑步，谁跑得最快，谁就是体育最好的学生。

“预备，跑！”

老师的口令刚发出，笨狼就像箭一样朝前飞跑。他在跑道的拐弯处忘记了拐弯儿，因此，他笔直穿过大操场，越过田野，跑回大森林里去了。

精彩开头

♠那次，要不是老农设计除恶狼，东郭先生险些丧命。从此，东郭先生似乎明白了什么，每天除了读诗书外，便是采药行医，帮助乡邻，再也不乱施怜悯了。

♠自从乌鸦爷爷把小石子扔进瓶中喝到水以后，它的智慧博得了动物们的一致公认。今天这家请乌鸦爷爷去吃饭，明天那家访乌鸦爷爷研究能够变聪明的方案，就连动物协会也邀请乌鸦爷爷当顾问。走进乌鸦家，到处是成堆的礼品，这些全是动物们送的。乌鸦家族赢得了不少光彩。

♠上一次，狐假虎威，吓跑了众兽，老虎知道上了狐狸的当，败坏了自己的名声，发誓总有一天要抓住狐狸吃掉它。

精彩结尾

♠只听“咣当”一声，东郭先生手中的刀落了地。他从包裹里找出几个干馒头，丢在狼的身边，然后头也不回地走出了树林。

♠农民笑着对乌鸦说：“瓶里的水换成了井里的水，情况变了，你不能拿老办法来解决新问题。”

乌鸦听了，惭愧而又略有所思地点了点头。

♠老虎对狐狸相当满意，但他哪里知道，在树后，在草丛，在树上，许多双小动物的眼睛正盯着他们议论纷纷呢。老虎原想报仇，可又被狐狸耍了，狐狸又一次借老虎的威风显示了自己。

精彩题目

《骄傲的蝴蝶》《森林王》《白兔球球历险记》《糊涂的小企鹅》

《新编乌鸦喝水》《孙悟空不再头疼》《兔子的名片》《河蚌与蛇》

《说谎王国》《太阳关在冰柜里》

范文点评台

小溪，石头和大海

有一条小溪，正匆匆流向大海。

一路上，小溪唱着欢快的歌，她是多么自在啊！花儿对她微笑，小鸟唱着动听的歌，为她送行。沿途的风景真美，她怎么看也看不够。小溪完全被这一切陶醉了，更何况她还经常听到人们的赞美："这条小溪的水可真清啊！"

写出小溪奔向大海的途中花儿、鸟儿等对她的优待，人们对她的赞美。简略交待小溪骄傲的原因。

小溪听到人们的赞美，笑得更开心了，溅起一朵朵白色的浪花。河底的石头静静地躺在那儿，看着这一切。小溪每得到一次赞美，就骄傲一分。有一天，石头忍无可忍，对她说："你可不要太骄傲了，大海可不像你这么狂妄！"小溪听了，不禁勃然大怒："哼，大海，它算什么东西？'土老帽儿'一个！它哪像我这样见多识广、经常受到人们的赞美？你更不配和我说话。你这个硬邦邦的东西！你一辈子就在一个地方，换了我，早死了算了！"

具体的语言描写，生动而形象地突出了小溪狂妄的态度。

石头不再理会小溪，因为他知道，总有一天，小溪会感到惭愧的。又过了很多天，小溪骄傲地流进了大海。当她向大海谈起一路的见闻和听到的赞美时，大海静静地听着，微笑着说："这些我早就知道了。"

小溪恍然大悟：大海就是千千万万个她这样的小溪汇集成的。她惭愧极了，这时，她想起了石头说的话，更加不好意思了。

不过，博大宽容的大海，不和她计较，已把她看成是自己的一部分了。

对大海的平和态度描述落墨虽少，却更衬出小溪的惭愧和大海的宽广胸怀。

名师点评

这是一篇十分生动的文章，通过对小溪、石头、大海不同的性格拟人化的描写，写出了小溪的骄傲，石头的踏实和大海的宽广心胸。从一个童话故事中让人学到山外有山、人外有人的道理，也让人感叹于大海的博大胸襟。语言生动有趣，人物性格鲜明突出。

红气球与绿西瓜

一阵轻风吹过，飘来了一个鲜艳的红气球，它飘呀飘呀，来到一片绿油油的西瓜地上空。低头一看，满地碧绿，一个个和自己个头差不多的绿皮西瓜正一动不动地躺着睡大觉呢。

生动的情境描写，令人仿佛进入了一个童话世界。

红气球看到一片绿色，唯有自己是鲜红的，自觉美得很，很想显示一下自己的风采。于是它清了清嗓子，摆着学者的风度对长在地上的西瓜们大声说：“喂，小家伙们，你们抬头看看，我是谁呀？我是赫赫有名的红气球先生。”西瓜们被它的高嗓门吵醒了，一个个抬起头来惊奇地望着它。

贴切的心理描写、语言描写，写红气球开始骄傲地炫耀自己。

这时，一个年幼的小西瓜怯生生地问：“红气球，你这么漂亮，又飞得那么高，一定去过不少地方，知道不少事情吧？能说给我们听听吗？”

小西瓜的羞怯助长了红气球吹牛的劲头。

红气球听了，吹牛的劲头更大了。“当然了，小娃娃们，我到过故宫，还沿着万里长城走了一圈。告诉你们吧，”它显得很神秘地说，“那一天，我去长城，从山海关到嘉峪关，一共6300多公里，在我看来，只不过像走二三里路一样。”小西瓜听了，吐了吐舌头，它还信以为真了呢。

红气球的语言、动作和神态的描写，充分表现出它的骄傲。

一个绿得发亮的大西瓜忍无可忍了，要揭红气球的老底，便慢腾腾地说：“是呀，我们没有你那么大本事，只是生在泥土里，长在大地上，外表不显眼，但心里是红的，而且是实实在在的，哪能浮在空中呢！”

大西瓜的话揭了红气球的老底，同时也揭示了文章的主题。

红气球一听，心虚起来了，可还要与大西瓜争辩。忽然飞来一只乌鸦，以为红气球是什么美食，向它扑来。红气球连躲闪的能力都没有，被乌鸦用力一啄，只听“啪”的一声，红气球立刻变成许多小碎片，慢慢地散落到西瓜地里，再也听不到它那骄傲的声音了。

鲜红的气球消失了，而西瓜们仍然在绿色的大自然里生长着。

红气球的消失和西瓜的继续生长两相对比，进一步证实大西瓜的话，深化了主题。

名师点评

这篇童话故事很具有讽刺意味。小作者展开大胆的想象，运用了对比的手法，通过写一个喜好浮夸的红气球被乌鸦啄破的故事，说明做人要像绿西瓜那样实实在在，不能像红气球那样华而不实的道理。全文道理深刻，语言生动，情节对话描写富有个性。

聪明的乌龟

有一天，乌龟在草地上散步，一只狐狸发现了它。于是，狐狸就想吃了乌龟。但乌龟背上有硬硬的壳，狐狸又想把乌龟弄死，于是狐狸叫来老鹰、狼、穿山甲、猴子等伙伴想办法杀死乌龟。

> 开篇交待故事的人物、地点、起因。

狐狸说："把乌龟放进锅里煮吧！"乌龟听了，心里很害怕，但还是说："我平常用凉水洗澡，可是，说不定用热水洗澡更舒服哩！"狐狸没办法了。

顽皮的猴子想把乌龟一直憋在龟壳里，乌龟听见了，又想：我一会儿肯定会被憋死的。但是，乌龟还是坚定的说："你们等吧，我的龟壳上下通风，不会憋死的！"狐狸生气了。

> 乌龟多么镇定，通过语言掩饰自己的弱势，蒙蔽敌人，解救自己于危难之中。

狼又说："叫穿山甲把龟壳穿个洞，看它还怕不怕了。"乌龟还想：我的龟壳不是十分结实，穿山甲肯定会穿破的，但乌龟还是坚定的说："穿山甲，我的龟壳可是传家宝，一定会把你碰得头破血流。"穿山甲听了乌龟的话就不敢穿龟壳了。

狼也非常生气，想了想说："叫老鹰把乌龟带到天上，再把乌龟扔到河里，淹死它！"乌龟心想：正好送我回家。

于是，乌龟就假装非常害怕。狐狸说："你也有害怕的时候啊！"说着叫老鹰把乌龟扔进了河里，乌龟说："谢谢你们送我回家！"狐狸还没弄明白，乌龟已经游得很远了。

> 乌龟将计就计，表现了乌龟的机智。

名师点评

童话写了一只聪明的乌龟战胜狡猾、凶恶的狐狸、老鹰、狼等的故事，说明了面对恶人，只要沉着冷静，敢于斗争，善于斗争，就一定胜利的道理，故事写得生动曲折，富有趣味，对比鲜明。

动物森林聚会

“呜，呜！”动物之王——老虎在原始森林几声长啸，将动物王国成员斑马、猿猴、长颈鹿、小兔、大象等迅速召集起来，准备开一个紧急会议，商讨一个严重问题：人类不断滥砍乱伐树木，侵占它们的家园，它们今后怎么办。

以森林聚会为由，引出文章主题，同时激起读者阅读兴趣。

年老的大象慢腾腾地说：“人类侵占我们的家园，我搬了几次家，我也走不动了，我们应推荐个头儿向人类提出警告。”大象一发言，动物王国议论纷纷。高大的长颈鹿说：“我个子高，远远看到人类侵占我们的家园，心里十分焦急，人们的嬉戏声都能听见，如果这样发展下去，我们连休息的地方也没有了。

“慢腾腾地说”与大象后来的诉说相符，体现了大象年老体弱的特点。

它们你一言、我一语，讨论得十分热烈，森林里一下子热闹起来。“啾！啾！”树上的小鸟听到它们的讨论，也愤怒地大声说：“上次我的一个兄弟被一个十几岁的小男孩用弹弓打死了，人类真可恶。”

愤怒的谴责。

森林深处有一条小河，“哗、哗”地流淌着清清的河水，河水倒映着动物们的身影。还是猿猴聪明，它站起来说：“大家别吵了，我提议我们联合起来给人类写封信，要人类保护环境，维护生态平衡……”

猿猴的提议得到大家的一致赞同，大家都推举猿猴写，猿猴同意了，它很快写好信念了一遍，大家都觉得写得很好，于是猿猴将信寄给了联合国主管环保的官员，终于，人类滥砍乱伐的现象得到制止。

会议的最终决议及整个事件的结果。

名师点评

这篇童话写了一次动物聚会，通过它们的话控诉了人类对环境的破坏，通过写信呼吁人类保护环境，维护生态平衡。故事主题鲜明深刻，给人以警醒和启示。

花儿选美

花儿们要举行盛大的选美比赛，每一朵花都躲在自己的小房子里精心打扮着。

开篇点题。

一切准备就绪，打扮得漂漂亮亮的花儿们相继走出了自己的小房子，她们一个个信心十足。

可是，有一朵小小花儿却躲在自己的房子里迟迟不肯出来。原来，她没有漂亮的衣服。她的全部家当就是一条既不鲜艳又不美丽的短裙，那么窄，那么小，围在身上一点也不好看。

笔锋突转，开始了对小小花儿的描写。

小小花儿听到外面的欢笑声，她从门缝里偷偷往外看。啊呀，月季花正拖着鲜红的裙子跳舞，那华丽、宽大的裙子翻动着，像一圈圈美丽的波浪，把小小花儿的眼睛都晃花了。小小花儿这下更不敢出去了。她关紧门躲在房子里焦急地说："怎么办？怎么办？"小小花儿话音刚落，周围也传来同样的叹息声。原来，小小花儿的姐妹们都同她一样胆怯地躲在房子里。

文章一抑再抑，进一步写小小花儿的焦急与紧张，为下文作铺垫。

"小姐姐，你带头出去怎么样？"隔壁传来花儿妹妹的声音。

"是呀，是呀，你带个头先出去吧。"四周传来众姐妹的央求。

这时，选美比赛马上要开始了，蜜蜂主席、蝴蝶评委和特邀主持人金玲子小姐都已到来。外面的花儿开始焦急地催促躲在房子里的小小花儿快出来。

紧张的气氛达到了极点。

"我们不出去会影响整个比赛。这样吧，我喊'一、二、三'，我们一齐出去！"小小花儿鼓足勇气说。

姐妹们都赞成。小小花儿深深吸了一口气，大声喊道："一、二、三！"刹那间，千朵万朵小小花儿缀满了大地。

出人意料地揭开谜底，给人耳目一新之感。

"哇，好美，好美的花儿呀！"蜜蜂、蝴蝶、金铃子和其他的花儿都惊呆了。小小花儿一朵朵看并没有什么特点，然而她们成千上万拥在一起，形成的磅礴气势却是那么壮观。那种惊心动魄的美压倒了所有争奇斗艳的花儿。

小小花儿奇迹般地获得了选美比赛的冠军。这是小小花儿没能预料到的。原来，只要走出了自我，平凡也能够创造出奇迹。

收束简洁明了，自然道出了故事蕴含的深刻道理。

名师点评

一朵小小花儿再平凡不过，以至连参加选美比赛的勇气都没有；千朵万朵小小花儿同时上场，却造就了一幅气势磅礴的美景。小作者用一个精美的童话，道明了"只要走出了自我，平凡也能够创造出奇迹"的深刻哲理。展开时，文章用欲扬先抑的方法，先对其他花儿的美丽大肆描写，既绘形，又绘声，而对小小花儿们则一抑再抑，这种欲扬先抑的写作方法，让文章收到了出人意料的好效果。

修改百宝箱

修改指南

同学们完成自己的童话故事后，需要进一步进行修改。我们首先通观全局，在大处着眼，看习作是否是完整充实的，有没有缺头掉尾，或内容单薄，不足之处要补充修改；然后看文章中心是否突出，认识有没有新意；紧接着看文章的层次结构是否合理，不能主次不分，过于平铺直叙。最后需要关注细节，应逐段逐句逐字反复推敲，对每句每字的改动，甚至标点符号的订正都要逐一检查修改。

病文评改

上帝的笔记本

一个叫王明的四年级小男孩走在放学回家的路上，拾到一个笔记本，他寻思到："是谁的呢？"可是问了很多人，都没有找到失主。

（开头太突兀，太平直，缺乏吸引力。）

王明回到家，想起老师留的作业——写一篇想象作文，就在拾来的笔记本上写到：云南北部出现一种身体像桥、耳朵庞大、又能吐火的怪物……写完就去睡觉了。

第二天，他来到学校，同学正议论纷纷："云南北部出现了一种身体像桥、耳朵庞大、又能吐火的怪物……"王明愣了一会儿，想：这不是我写的童话吗？难道……王明又掏出笔记本，写道：在我的兜里有支笔。写完，他真从兜里掏出一支笔！他明白了：这是一个神奇的笔记本。他想：我不能滥用，要用它做好事。从此，王明天天做好事。

（详略不当，没有将王明做的好事写出来，缺乏说服力。）

一天晚上，上帝的仆人找来了，对王明说："请把笔记本还给我，我去交给上帝。"王明说："原来是上帝的笔记本，怪不得这么神奇！"说完，就交给他。那天使说："孩子，你会幸福的！"说完就不见了。

王明想："我不是做梦吧？"

修改提示

本文小作者构思独特，大胆想象了上帝的笔记本落入人间的种种遭遇。但本文在写作中还存在以下不足：①文章缺乏一个好的开头，可以补充如"上帝的笔记本不慎丢失，……"以此做到首尾呼应；②上帝的笔记本落入人间，"王明"用它"天天做好事"，但具体做了些什么，文章并未写明，应适当补充；③文章应尽量写得有深意，本文叙述较平实，表现主旨不够鲜明。

星级评定园

同学们,相信通过这次习作,大家都发挥自己的想象编出了美丽而又富于寓意的童话故事,下面就请按以下标准来评定一下你的习作吧!

1. 童话故事情节完整,脉络清楚,有头有尾。(☆)
2. 内容充实,叙述时详略得当。(☆☆)
3. 题材新颖,构思巧妙,想象大胆且合理。(☆☆☆)
4. 通过童话故事反应现实生活中的某些道理,具有说理意味。(☆☆☆☆)
5. 语言优美,幽默,充满童真童趣。(☆☆☆☆☆)

拓展空间站

拓展习作

题目:《卖火柴的小女孩到我家》

思路点拨:这篇习作是安徒生童话《卖火柴的小女孩》的新编,同学们可以按以下思路来写:1. 首先写"我"如何邀请卖火柴的小女孩来"我"家;2. 然后写"我"和"我"的家人们如何款待她,对她十分热情;4. 结尾写卖火柴小女孩的感动及我们对她的挽留。

例文选萃:

卖火柴的小女孩到我家

今天是六一儿童节,我们全家都兴高采烈,喜笑颜开。大街上张灯结彩,充满了节日的气氛。小朋友们都穿着五颜六色的新衣服在一起嬉戏玩耍。这时,我忽然看见从远处走来一位赤着脚、头上长着美丽卷发的小姑娘,好像有点面熟呀!哦,对了,想起来了,她不就是安徒生爷爷笔下的那位卖火柴的小女孩吗?我高兴地迎了上去,拉住小女孩的手说:"欢迎你到我家做客。"这时,许多小朋友都认出了她,纷纷邀请小女孩去做客。我可不让他们抢了先,拉着小女孩急冲冲地回到家里。

不用说,我们全家都热烈地欢迎卖火柴的小女孩的到来。妹妹拿来了糖果和玩具;我呢,赶紧拿来自己的新衣服和新鞋子;妈妈还端来了一碗热汤,说给小女孩先暖暖身子。不一会儿,打扮一新的小女孩就在我们家东瞧瞧、西摸摸,情不自禁地说:"太美了,太美了!"她还指着电视说:"你们这儿圣诞树上的卡片怎么还会唱、会跳呢?"惹得我们全家哈哈大笑。

吃完了一顿丰盛的饭菜，爸爸提议；“为了欢迎我们这位特殊的客人，大家各表演一个节目，怎么样?”幼儿园的妹妹啥事都要争先，她马上拍着手唱起了《我们的祖国像花园》，边唱还边舞呢！接着，妈妈拉起了小提琴，深情地演奏《祖国颂》。我和爸爸也不甘落后，在优美的音乐伴奏中，我们朗诵起诗歌《赞美你呀！幸福的生活》。卖火柴的小女孩静静地听着，看着，激动的泪水在她的眼眶中打转，快乐的笑容在她的脸庞浮现……

正当我们要请卖火柴的小女孩给我们唱一支丹麦民歌时，门开了，一群小伙伴拥了进来。瞧，他们还都带着礼物呢！有精美的贺年卡，有漂亮的衣服，有崭新的学习用品……大家围着小女孩，紧紧地握着她的手。我激动地对小女孩说：“留下来吧！和我们一起生活，一起学习，你会幸福的！”

小女孩再也忍不住了：“我要永远和你们在一起，再也不回那寒冷、饥饿和痛苦的地方去了！”

这时，听见有人在叫我：“妍妍，起床了。”我睁开眼睛，啊，原来是南柯一梦。不过，愉快的“六一”节终于来了。

名师点评

读了《卖火柴的小女孩》后，小作者对小女孩充满了同情，于是小作者巧妙地用一场梦将小女孩带到了她家过儿童节，梦中的小女孩无比幸福、快乐。小作者向我们展示了她心中的童话世界，把幻想中的内容与现实生活中将要发生的事情——庆祝“六一”儿童节紧紧联系起来。首尾呼应。

话题作文

题目：让我们来“同人”

现今，“同人”已经是在网络和各媒体上十分流行的术语，所谓同人即是根据人们所熟知的故事，在不改变人物保留故事原班人物的基础上进行新编，通过大胆想象重新设置情节或通过改变某些情节来颠覆以往故事的结局。请以“让我们来同人”为话题写一篇作文，题目自拟。

思路点拨：这次习作给了同学们很大的发展空间，小时候你渴望改变人鱼公主悲剧的命运；你渴望让丑小鸭从小拥有一个温暖的家；你渴望让喜羊羊和灰太狼发生越来越多的趣事……这些在你自编的同人故事里都可以实现，拿起你的笔来编现代版的童话吧！注意语言要有现代感，人物要有现代人的气息，让我们的主人公由古穿今吧！

例文选萃:

三国争"雄"

时间进入21世纪,三国仍征战不休,一直也没拼出个胜负来,各国早已疲惫不堪。孙权、曹丕想到了诸葛亮,便各派使者去蜀国商议。诸葛亮说:"我看我们还是撤退兵马,消除战争,各开企业,谁的经济发展得快,谁就称雄天下。"吴、魏两国都同意。

蜀国开办了"蜀汉正统联合企业有限公司",刘备任董事长,诸葛亮任总经理。

吴国人才凋零,只开了一家食品公司。

魏国虽人多势众,可真正的人才却没几个。司马昭野心勃勃,一心想当曹魏公司总裁。一次,他正和同党密谋怎样杀曹丕时,被曹爽偷听到,连忙报告给曹丕,曹丕率警卫包围了司马昭的家。司马昭趁夜色乘热气球飞出了魏国,直奔蜀汉,可孔明坚决不收,说:"此人阴险,将来必作乱矣!"司马昭改投东吴。孙权想:他为逃命而来,我这儿正缺人手,就收下他吧!

三家企业都开业了。东吴最乱,司马昭因求功心切,坚持在口服液中加入PPA。司马昭说:"老子感冒常吃康泰克,也没见怎么的。人家说它是毒药,其实是良药!再说公司想赚钱就不能怕冒风险。"结果,事情败露,一传十,十传百,弄得人人皆知,大家一见"东吴"商标就两腿发颤。东吴公司很快破产。

魏氏公司经营不善,也面临困境。诸葛亮派赵云出使魏国,同时贷款给他们,使曹魏公司暂时摆脱了困境。

东吴公司破产以后,司马昭走投无路,只得求救于父亲——司马懿。谁知司马懿气哼哼地说:"老子聪明一世,却栽在你手里,人都说'司马昭之心路人皆知'。你竟密谋杀总裁!我差点也跟着你送命。今后你再也不是我的儿子了!"司马昭只好提着打狗棍上街乞讨。

曹魏公司因蜀汉公司救他们于危难之中,心存感激。诸葛亮趁机派人游说,使两家合二为一,共同面对"WTO",蜀、魏也不再想称雄天下了,他们自由自在地开着联合公司……此谓"分久必合"也!

名师点评

本文是一篇想象作文，小作者思路之开阔令人惊奇。他的想象不是空中楼阁，而是建立在对史实的充分了解、掌握之上的，同时加入了小作者对当今时事的关注与思考，是一篇喻古讽今的佳作，不由得让人想起鲁迅先生的《故事新编》。本文语言独特，依据人物性格时而文言时而白话，平铺直叙中透着幽默，许多语句读来令人忍俊不禁，看出小作者头脑之机灵和驾驭语言能力之高超。

读写联通屋

赶时髦的扁担

一根青竹扁担进了一趟城，就被那五光十色、花花绿绿的繁华景象迷花了眼，心想："现在的世道真是翻天覆地的变化，不管走到哪里，都是五彩缤纷，花枝招展。而我还是土里土气，自己看着都觉得寒碜！"

它到雕刻家那里恳求说："雕刻家先生，请你在我身上刻些花纹，越美丽越好！"

"扁担上刻花纹，这倒新鲜！"雕刻家说。

"看你说的，"青竹扁担说，"现在谁都在追求美，当然我也不例外。如果我还是一身土气，怎好意思在大庭广众之下出头露面呢？"

雕刻家劝道："你是根扁担，是要挑重担的呀！"

"难道挑重担的就不能打扮打扮？"青竹扁担激动地说，"嗨，我要让人们瞧瞧，我这根跑在时代前面的扁担，是何等气派何等华丽何等潇洒……"

雕刻家在青竹扁担的软磨硬泡下，终于动手为青竹扁担刻花、镂空，把青竹扁担雕刻成一件精美的工艺品。

青竹扁担欣喜若狂地说："哈哈，我现在这个样子进城，谁也不会说我是'土老帽'啦！"

它刚刚挑起担子，只听"咔嚓"一声，拦腰折成了两截……

思考题

1. 从文中我们可以得知，青竹扁担因为__________、________________________，最终落得__________的下场。

2. 本文采用了什么描写手法来刻画青竹扁担的形象？

3. 这篇童话寄寓了什么道理？

口语交际　介绍喜欢的小动物

交际指导

同学们，动物是我们的朋友。说起我们喜欢的小动物，大家一定会滔滔不绝。今天，我们向大家介绍一下自己喜欢的小动物，好吧？

1. 介绍的时候，可以先介绍小动物的外形。比如说可以介绍它光滑的皮毛，可以介绍它的头、尾巴、四肢等，可以介绍它的神情等。

2. 介绍的时候，可以介绍小动物的生活习性。比如说可以介绍它喜欢吃什么，怎么玩耍，怎样休息等。

3. 介绍的时候，可以介绍小动物与自己的亲密关系，介绍自己喜欢小动物的原因。

交际例文

小蜗牛

今天我特别高兴，因为妈妈给我买了六只小蜗牛。蜗牛长着一对大触角和一对小触角，它还背着沉重的“房子”，“走”起路来一耸一耸的，就像毛毛虫，一个小时也“走”不了几厘米。它还特别“聪明”，只要你轻轻碰一下它的触角，触角就立刻缩了回去。如果遇到“敌情”，它就将软软的身体缩回硬邦邦的“房子”里，这样就可以逃避危险了。据说，蜗牛连续四年不吃不喝也饿不死，它的生命力可真强呀！

有人说蜗牛是慢性子，不要学它，但我可不这样认为，如果把它那种坚持不懈的精神用在我们的学习上，那该多好啊！

同步习作　写一种喜欢的小动物

题解金钥匙

动物是我们生活中不可或缺的好伙伴，只要一提起小动物，我们脑海中，就会蹦出以下一些可爱的形象：憨态可掬、爱睡懒觉的小猪；面容清秀、顽皮淘气的小猫；驯良乖巧、活泼伶俐的小狗；精诚团结、众志成城的小蚂蚁……我们与这些可爱的小动物交往，丰富了我们的生活，陶冶了我们的情操，培养了我们的爱心，使我们明白了人与动物和谐相处，这个世界才会变得更加美好。想不想让你喜爱的小动物的身影既留在你的心头，又流露于笔端，让大家都认识它呢？赶快行动吧！

名师点津室

习作要求

本次习作要求写写自己喜欢的小动物，写它时必须写出其特点，并表达出自己对这种小动物的喜爱之情。

发散思维

动笔之前先确定自己喜欢的小动物，可以写鸟类，如：鹦鹉、白鸽、老鹰……；可以写兽类，如：小猫、小狗、小熊猫……；可以写水栖类，如：小鱼、小虾、乌贼……；还可以写昆虫类，如：蚂蚁、蜜蜂、壁虎……，从小到大我们接触过很多动物，相信你一定能选出自己喜欢的一种并写好它。

集中思路

同学们写作时一定要仔细观察，从而写出小动物的外形、习性等，体现出小动物的特点。相信它的这些特点正是你喜欢这种小动物的原因所在，要通过这些特点来反映你喜欢的原因，这样这篇习作的目的就达到了。

技巧点拨

1. 确定写什么动物后，要确定好写作顺序，最好先写外形再写习性。

2. 写外形时，要把它的身体结构、皮毛颜色、面容神情等写出来，可以按头→颈→躯干→四肢→尾巴的顺序写。

3. 写习性时要抓住它的特点写，要注意突出它“动”的特征。可运用动作描写、神态描写等写法，可运用比喻、拟人等修辞手法，生动地写出猫怎样捕鼠，小鸡怎样捉虫子。

4. 要写出自己或别人与动物交往的情趣，表达自己或别人对动物的喜爱之情。

习作提纲

示例：

我最喜欢的小动物——××

开头：开篇点题，交待自己最喜欢的小动物是什么。（略写）

中间：首先描述小动物的外形特点：它的形状、颜色、发出的声音等等；紧接着描述它的生活习性：睡眠时间、吃的食物、捕食方式、活动内容及时间等；（以上两部分可略写）最后可以描述在小动物身上发生的趣事，这些趣事可以是发生在它和同伴之间，也可以发生在它和你之间，重点是突出小动物的惹人喜爱。（详写）

结尾：再次抒发对小动物的喜爱之情，与开头相呼应。（略写）

素材搜索库

精彩好词

飞翔　啄食　扁嘴　栖息　鸣叫　温顺　机警　扇动　捕捉　吮吸　油亮亮　毛茸茸　胖乎乎　叫喳喳　滑溜溜　引吭高歌　嗅觉灵敏　虎头虎脑　驯良可爱　小心翼翼　活蹦乱跳

精彩好句

♠这鸡雏们真可爱，有葱黄的，有黑的，有淡黑的，有白的，有如鹌鹑一样驳杂的，全身的毛好像绒团，一双黑眼睛好像墨晶。

♠成群的鸭子上上下下地游，时而钻下水叼起小鱼；时而扇起翅膀，如一片白帆，嘎嘎地叫着。

精彩段落

♠说小蝌蚪可爱一点也不夸张。远远望去，它像一个会游泳的逗号。它那大大的脑袋乌黑发亮，圆脑袋两侧各有一个圆圆的小黑点，这就是小蝌蚪的眼睛。再仔细看，蝌蚪脑袋前面鼓出一张扁圆的小嘴，一张一合的。这大脑袋后面长着一条长长的、扁扁的小尾巴。尾巴中间有一条黑色的细细的主脉，主脉上又分出十几根更细的小脉茎，它们连成一片透明的、浅灰色的薄翼，像网带似地在水中飘动。

♠这只牡丹鹦鹉真漂亮，浅黄色的头，红褐色的细长的嘴，翠绿翠绿的身子，棕色的细爪。它们有时站在树枝上，有时站在窗棂上，有时在笼中飞着。它飞的时候更可爱，就好像一朵娇艳富贵的牡丹在飘荡……

精彩开头

♠我家有一只活泼可爱的金丝雀。它也叫芙蓉鸟，是人们喜爱的观赏鸟。

♠去年暑假，爸爸从爷爷家捉来一只相思鸟。相思鸟每天在笼子里跳个不停，它的声音十分动人，总发出“微归——微归”的声音。

♠初夏的傍晚，宁静祥和，闲来无事的我独自在院中散步。在一棵大树下站定，一眼就瞥见树干上有个小黑点缓缓向上移动。我吓了一跳，定睛一看，是甲虫。实在无聊就拿它作作乐吧！

精彩结尾

♠我喜爱我家的黄狗，它是我的好伙伴。

♠暑假快结束了，我要回家去了，望着这群可爱的小鸭子，真有点依依不舍。

♠金丝雀真是既聪明又美丽的小鸟，我们把它当作家庭的一个成员，全家人都非常爱它。

精彩题目

《相思鸟》《夜空中的光明使者》《墙脚下的朋友》

《神奇的甲虫》《爱喝酒的蚂蚁》

范文点评台

可爱的小鸭子

母鸭子生了一些蛋，妈妈就拿给母鸡孵，一个月以后，从蛋壳里钻出十只小宝宝。它们从母鸡的茸毛中探出一个个小脑袋，好奇地看着外面的世界。

“钻”和“探”字用得准确，写出了小鸭子初生的好奇之状。

出生三四天后的小鸭子真好看，毛绒绒的黄毛，淡红色的脚掌，走起路来一摇一摆，再加上两只机灵的眼睛和那扁扁的嘴，显得极其可爱。

细写毛色、脚掌、走路姿态、眼、嘴，勾勒出了小鸭子的“可爱”模样。

渐渐地，小鸭子们长大了，也神气了。我喂食时，它们就使劲地拧我的手。开始还是痒痒的，后来还真有些痛。

有一天，妈妈从地里挖来一些蚯蚓，给小“宝宝”吃。开始，小鸭子有几分畏惧，最大的一只壮着胆子去吃，可能觉得味儿不错，就索性大吃起来。别的小鸭子也去吃了。一会儿，

由“怕”到“抢”写出了小鸭吃食时的情景。

小半桶的蚯蚓全被这十只小家伙你争我抢地吃完了。

小鸭子有爱玩水的天性。一天中午，太阳炙烤着大地，小鸭子也懒洋洋地晒太阳。我用大盆盛了1厘米深的水，把小家伙们放进去。它们一见到水，兴奋得拍着翅膀，一会儿"咕嘟咕嘟"地喝，一会儿把水弄到自己身上，一会儿又抖掉身上的水珠……看着它们那得意的样子，我忍不住笑了。

一连串排比句写出小鸭爱水、戏水的习性。

名师点评

本文从"母鸭子生蛋"写起到"小鸭子长大"再到"小鸭子玩水的天性"，条理清晰，重点突出。在每个阶段小作者都用较细致的描写突出小鸭子的情态动作之可爱，如刚出生时"它们从母鸡的茸毛中探出一个个小脑袋，好奇地看着外面的世界"；三四天后"走起路来一摇一摆"；长大了"它们就使劲地拧我的手"等等，描写十分生动，小鸭子的可爱形象跃然纸上。

小鹦鹉

我有一对逗人喜爱的小鹦鹉，那是爸爸的朋友黄叔叔送给我的。

开篇点出小鹦鹉"逗人喜爱"。

小鹦鹉很漂亮。它们头上的羽毛是绿色的，背部和翅膀的羽毛黑白相间，腹部的羽毛却是翠绿色的，就像爱打扮的小姑娘穿了一件连帽的花风衣。

这个比喻很形象。

起初，小鹦鹉很胆小。每当我给它们喂食时，它俩总是睁着黑珍珠般的小眼睛，紧张地在笼子里跳来跳去，嘴里还"叽哩咕噜"地叫着，好像很讨厌我。可我不生它们的气，我按黄叔叔教的方法，边喂食边教它们说："您好，您好。"没过几天，两只小鹦鹉再见我给它们喂食，就向我翘翘尾巴、点点头，向我表示感谢。

对小鹦鹉的神情、动作描写得传神。

小鹦鹉吃食很有趣。它们像小鸡啄米一样，啄住小米，仰起头，小嘴一张一合，才把米粒吞进肚里。喝水也一样，它们不会"咕噜咕噜"地喝，只会啄一口，仰起头，伸一伸脖子，再把水咽下去。鹦鹉吃饱喝足后往往要休息一会儿。这时，它们常常用弯钩似的小嘴儿在身上东啄啄、西啄啄，好像啄痒似的。

恰当地用动词，把小鹦鹉吃食的有趣之处描写得十分细致。

鹦鹉就像淘气的小孩儿，很好动。它们有时在笼子里跳

语言简洁有趣地写出了小鹦鹉的淘气

上跳下、飞来飞去；有时用玉色的细爪抓住栅栏，上下来回地跳跃；有时还跳上吊环，仰起头、挺起胸脯荡秋千……

可爱。

终于有一天，我教它们说“您好，您好”时，它们也跟着说“ni ao，ni ao”。我高兴得手舞足蹈，爸爸妈妈直夸我训练有方。

现在，两只鹦鹉已经会说“您好”、“早上好”和“晚安”了。如今我正在教它们说“请”、“谢谢”呢。

名师点评

会说话的小鹦鹉的确很有趣。小作者喜欢它的漂亮，喜欢它的淘气可爱，也喜欢它的聪明有礼貌。小作者遵循人和小鸟的相处规律去安排文章顺序：小鹦鹉很怕我——它向我表示感谢——我教它说话——它学会了礼貌用语，使文章行文流畅，真实而有意思。

我喜欢的小乌龟

我家养了一只可爱的小乌龟，它是爸爸出差昆明时，在当地的花鸟市场买来的。

交待乌龟的来历。

这只小乌龟有趣极了！除了肚皮的软壳是青白色的，其他地方都是墨绿墨绿的。它身长 4 厘米左右，背上托了个“大盔甲”，在水中就像隆起来的一座长满青苔的礁石。盔甲上有 14 块菱形的小格子，其中中间的 4 块比较大，也比较完整；每块小格子中还有黑色的线条，互相贯穿着。盔甲下面还拖了条又细又短的尾巴。

对乌龟的外形描写，整段总的突出乌龟的“趣”。

小乌龟的脑袋可有趣了！圆圆的脑袋能伸也能缩，脑袋上的两只小黑豆似的眼睛一眨一眨的，像天上的星星闪烁着，显得特别敏捷机灵。遇到危险时，它的脑袋很快就缩进盔甲里。过了好一阵，确信外面一点动静也没有了，它才把脑袋慢慢地伸出来，眼睛还不停地转动着，到处张望。它那贪生怕死的样子，谁看见了都会笑出声来。

重点写乌龟缩头来突出乌龟的“趣”，表明作者对它的喜爱。

别看小乌龟默默无闻，一声不响，可它还有一个动听的故事呢：有一天乌龟和兔子赛跑，兔子一马当先，跑在前面，乌

用故事体现乌龟身上的精神品质。

龟被远远地甩在后面。兔子骄傲了，就在大树底下睡懒觉，而乌龟却一如既往地坚持跑完了全程，得了冠军，这个故事在我脑海里留下了很深的印象，这也许就是乌龟最让人喜欢之处吧！

乌龟的象征意义。

据说在日本，乌龟还象征着长寿、幸福和吉祥呢。

总结全文，照应主题。

我喜欢小乌龟，更喜欢它那默默无闻、坚持不懈的优秀品质。

名师点评

本文小作者之所以能把小乌龟写得如此惟妙惟肖，全得益于平时对小乌龟的细致观察。特别是对有趣的脑袋这一部分的描写，小作者不仅说清了脑袋的特点，还打了一个恰当的比喻，写出了眼睛的特点，描写生动而形象。后文通过叙述故事，引用乌龟在日本的象征意义来升华文章主旨，结尾收束总结。

可爱的八哥

寒假里，我有幸到大舅家住了几天，大舅家养了一只八哥，能说善道，特别讨人喜欢。八哥全身长满了又黑又亮的羽毛。它那又长又尖的嘴巴，总是学人说话，两只黑眼睛滴溜溜地转，一双锋利的爪子，紧紧地抓住木条。最有意思的是，它的额前竖起一撮毛，就像威武的大将军似的，舅妈特别宠爱它。

生动形象的外貌描写，抓住了八哥的特点，体现了“八哥”讨人喜爱。

早上，我给八哥喂水喂食，八哥可真奇怪，把我喂它的水，含在嘴里，再用嘴里的水一下一下地梳理羽毛，把全身弄得湿淋淋的。舅妈说：“八哥特别爱干净，每早总要洗个澡。”

细心观察得出八哥的日常生活习性。

八哥吃食真有趣！我给它倒满小米，本以为它能胃口大开，可它却一动不动，视而不见，像是已经厌倦了似的。毕竟舅妈是行家，随手切下小块儿苹果，放进笼子里，八哥赶紧跳下来，啄啄小米，再啄啄苹果，吃得可香了，简直像一个不大懂事的小孩，必须哄着，才肯吃饭，这八哥都让舅妈宠坏了。

整段用准确的动词突出八哥吃食的“趣”字。

电视机里正在演文艺节目，又是唱歌，又是跳舞。八哥听到了也跟着学，嘴里叽哩咕噜不知唱些什么，还自我欣赏地在笼子里跳来跳去，拍打着翅膀，一副很开心的样子。

虽然，我和八哥相处的时间只有短短的几天，但我非常喜

一只充满

爱它，它使我得到了从书本中得不到的知识，并且也丰富了我的寒假生活。

人性化的八哥让作者感到许多乐趣。

名师点评

作者按先整体后部分的顺序，把八哥的外形描写得生动有趣，接着，生动地描述了给八哥喂食、吃食的情景。

小作者通过细致的观察，不仅写出了八哥吃食有趣，还发现了八哥“爱干净”的好习惯，喜欢模仿的特点，让读者对八哥有了更深入的认识。

蚂蚁

奶奶家门前有一棵老槐树。暑假里，我正在这棵老槐树底下玩耍，发现一只只蚂蚁在忙碌着，引起了我极大的兴趣。我走近一看：它们黑色的身子在阳光的照射下闪闪发光。头上有一对触角，它们就是用这对触角来“说话”的。蚂蚁的肚子很大，腰细。我担心那纤细的腰肢拖不动它那偌大的腹部。但我的担心是多余的。看！它们在灵活自如地搬运着泥土和沙粒，把洞口堵住。我正津津有味地看着，突然，天色暗下来，接着下起了大雨，我担心蚂蚁会被雨水淹没，洞被冲毁……

写出了蚂蚁的形态特征。

可见小作者心地善良。

雨过天晴，我马上又来到蚂蚁洞边观察，见它们的洞仍然完好无损，小蚂蚁们安然无恙。原来它们搬运泥沙就是为了防止雨水灌进洞内。我还不清楚，它们怎么会知道要下雨呢？

照应上文，揭示谜底。

忽然，我看见三只蚂蚁在寻找食物。它们在离洞口不远的地方发现了一条大青虫，一只蚂蚁回到洞里召集伙伴，不一会儿来了几十只蚂蚁，一拥而上，咬得青虫直打滚儿，任凭青虫怎样挣扎，它们就是咬住不放。大青虫最终还是死在了这群小蚂蚁的手里。我惊叹不已，这么几十只小蚂蚁竟把一条大青虫活活地咬死了，你说厉害不厉害！

写蚂蚁捕食青虫的全过程，细致的动作描写突出蚂蚁们怎样团结合作的。

我盯着这群可爱的小生灵，不禁肃然起敬，心想：它们都能团结一心、共同对敌、克服困难，我们人类不更应该如此吗？

揭示主题——团结就是力量。

名师点评

常见的小蚂蚁是小朋友爱观察的对象，但能像小作者写得这样有灵性、这样生动，没有平日用心的观察和思考是不可能的。更令人惊讶的是，小作者从蚂蚁们战胜大青虫这件事上得出“团结一心、共同对敌、克服困难”这样的结论，并由物及人，更上升到人类这个大范畴，可见小作者思考的深刻和极佳的联想能力。

修改百宝箱

修改指南

大改和小改

1. 小改，就是看有无错字病句，用词是否恰当，语句是否精练，做到字斟句酌。

2. 大改，就是要对作文进行较大修改，比如另选一些材料，改变文章结构甚至改变文章主题等。一般要做到以下几点：

(1)主题是否突出，要想想这篇文章也就是中心思想是否明确。

(2)内容是否具体，所写的材料是否都是围绕中心的。

(3)看条理是否清晰，看看哪些话该先说的后说了，该后说的先说了，哪些说多了，哪些说少了。

(4)看表达是否准确。

(5)与修改前做个比较，看看有哪些进步。

病文评改

猴　子

今天，我特意来到动物园看猴子。

一进门，就听见从远处传来的一阵笑声，把我引到了猴山。嘿！猴山上的猴子可真多，它们相互追逐着，嬉耍着，好不热闹。

猴子四肢灵活，行动敏捷。红红的光屁股上那条又细又长的尾巴总是向上卷着。红红的脸上，嵌着一对黑黑的小眼睛。它一身灰褐色的毛，又细又长。

猴子喜欢吃香蕉和花生等瓜果。猴山四周围观的小朋友

顺序不当。“红红的光屁股上那条又细又长的尾巴总是向上卷着”应放在这一自然段的最后。

香蕉和花生都不是瓜果，所以“瓜果”应

不时往里扔食物。猴子一个个追着抢着，抢着了，就坐在地上，用爪捧着，几口就能吃完。不知哪位小朋友扔去一块糖，别的猴子还没反应过来，只见一只猴子前腿一弯，后腿使劲一蹬，"嗖"地就腾跃起来，像飞一样扑到这块"糖"前，抓起就跑。它坐到一块石头上剥开糖纸一看，啊，原来是一块小石子。猴子上当了，向人们龇牙咧嘴，惹得大家一阵哄笑。

一个小朋友的红气球掉到了猴山里，一只小猴以为是大苹果，拿起就跑，其他的猴子蜂拥而上，气球被一只老猴子抢跑了。这只老猴跑到山顶，仔细端详着，似乎在说：哪有这么大的苹果啊？其他的猴子，远远盯着，觉得它很霸道。老猴子看了一会儿"大苹果"，张嘴就咬，只听"啪"的一声，气球变成了一张红皮。老猴吓得发愣，小猴们落井下石地蹦来蹦去。观众哄堂大笑。

这些猴子真聪明可爱！

改成"香甜的东西"。

修饰不当，"落井下石"应改为"幸灾乐祸"。

"聪明"与上文内容不一致，应改成"伶俐"。

修改提示

本文介绍了可爱的猴子，在写作过程中存在这些问题：①介绍猴子外形时条理混乱，介绍不合逻辑；②评语中作者说"猴子聪明可爱"，文中并未体现；③少量词语使用不当，如"瓜果""落井下石"。

星级评定园

同学们，本次习作是状物作文，而且是描写活动的物——小动物，相信大家都写了自己喜欢的小动物，并述说了发生在它身上的一些趣事。下面我们就来测评，你的习作是否将小动物的可爱之处展现了出来。

1. 符合习作要求，写出小动物本身的特点。（☆）
2. 文章条理清楚，层次分明，对小动物最显著的特点重点描写。（☆☆）
3. 通过形、色、声、动作等的描写，展现小动物特点，运用多种描写手法。（☆☆☆）
4. 写出自己的真情实感，令读者能感受到你对小动物的无限喜爱之情。（☆☆☆☆）
5. 语言生动、形象、诙谐，具有感染力。（☆☆☆☆☆）

拓展空间站

拓展习作

题目:《我家的狗》

思路点拨:1. 先写狗的外形,写它有多长、多高;写它皮毛的颜色、质地;写它头及头上的嘴、鼻子、耳朵的样子;写它的四肢、尾巴的特点等。2. 可以重点抓住狗的嗅觉、听觉灵敏,奔跑速度快的特点来写。3. 还可以写狗对人是怎样的忠诚。4. 还可以写狗与人交往的趣事,字里行间要流露出对狗的喜爱之情。

例文选萃:

宠物狗"菲菲"

一身洁白的长长的毛,一双黑葡萄似的大眼睛,加上圆圆的、扁扁的鼻子,然后再添上好动的四条腿以及向上翘着的尾巴,这就是邻居家的宠物狗——菲菲。

大概所有的宠物狗都有一套自己的办法来让主人开心吧!可能大部分的狗都会或多或少地挨主人的打,但是,邻居家的菲菲可没有那么笨,它有自己一套独到的办法。打个比方说,如果菲菲不小心打碎了碗,你生气地去厨房找它,它先是可怜巴巴地蹲在角落里,让你不忍心去打它。之后,它就找机会向你道歉。你也许正为那个碗而惋惜的时候,它就会颠颠地跑来,伸出舌头,而后两爪一并——这在它的语言中是"原谅我吧"的意思。你定会被它那滑稽的动作逗笑,也就不生气了。

和所有的狗一样,菲菲十分喜欢玩球。为此,邻居家的阿姨特意跑到商店给它买了一个小皮球。每次,菲菲先像踢球一样,用前面的两条腿带着球跑两三圈,跑累了,就猛地一扑,把球固定住,然后连滚带爬地玩一番,快活极了。

晚上七八点钟是看电视的黄金时间。这个时候,菲菲就让主人抱着在沙发"看"电视。它虽然"看"不懂,不过你瞧它的样子,眼睛大大地睁着,尾巴向上翘着,身子趴在主人腿上——蛮像那么回事哪!它的样子真的很可爱。

我十分喜欢这只聪明、漂亮、毛茸茸的小菲菲。

名师点评

这是一篇写小动物的作文。先写其外形，再写其有趣，接着写小狗的顽皮，又写其安静，这样，就比较生动形象地把宠物狗菲菲各个面貌展示了出来。

话题作文

题目：动物的呼唤　旅鸽的数量曾占美国鸟类数量的40%，最多时达50亿只，它们在空中飞翔时的壮观景象可用遮天蔽日来形容。欧洲人踏上北美大陆后对旅鸽大开杀戒，只为取肉，鸽肉是当时市场上的便宜货，仅密执安州一季就捕获了750万只旅鸽。在如此狂捕滥杀下，旅鸽很快被逼到了灭绝的边缘。1914年9月1日，最后一只叫“玛沙”的雌性旅鸽在众目睽睽之下死于辛辛那提动物园。从材料中可以看出旅鸽根本就没有一个安全的生存空间，其实，受到严重生存威胁的又岂止是旅鸽。即使今天，许多动物仍然在人类的虎视眈眈中担惊受怕地苟延残喘。它们渴望能有一个物竞天择的生存空间。请以“动物的呼唤”为话题，自拟题目写一篇作文。

思路点拨：写此类作文，选择角度是关键。动物保护是一个抽象又大的概念，写作切忌面面俱到说东道西，内容空泛，应选择以小见大，从小事着眼反映大概念；其次你选择写作素材时，材料要新颖，不要重复众人写滥了的题材。因为是话题作文不限文体，你可以写寓言或诗歌来表达动物们的心声。

例文选萃：

哭泣的骆驼

我叫艾力，是一头年轻力壮的骆驼。我的故乡在塔克拉玛干大沙漠，那里有耐旱的仙人掌、充满生机的骆驼刺和茫茫的大戈壁。塔克拉玛干的冬天寒风刺骨，夏天炎热干燥，在人们眼里，这里“上无飞鸟，下无走兽”，环境恶劣，难以生存。而我却觉得这里是自由的天堂，我和我的亲人世世代代快乐地生活在这个神奇的地方，人们称我们为“沙漠之舟”。

突然有一天，一群探险者闯入了我们的乐园，打破了我们平静的生活。他们选中了我和爸爸，认为我们能为他们赚取更多的钱财。他们把我和爸爸赶上一辆大货车，经过一个星期的日夜颠簸，将我们从遥远的大沙漠运到了东南沿海城市的一个动物园，供游人参观。

我清晰地记得，刚来动物园的时候，我和爸爸非常荣耀。人们骑在我们的背上，抚摩着我们凸起的驼峰，谈笑风生。虽然我们背井离乡，孤单寂寞，可当我们看到人们鲜花般的笑脸，想到我们的到来为他们带来了欢声笑语，又觉得很欣慰。

然而我还是深深地思念着我的故乡，思念着我的亲人和许多小伙伴。记得我们常常顶着狂风暴雨，冒着严寒酷暑，帮助人们背负货物，清脆悠远的驼铃声伴随着我们穿越浩瀚无边的沙漠……可惜，那无忧无虑的幸福时光竟一去不复返了。

我正在动物园的角落里忧伤地回想着往事，突然有两个人向我们走来，一个人指着爸爸的驼峰说："这可是难得的珍馐佳肴啊！"另一个人说："有机会尝尝驼峰肉，倒也不错。"完了，爸爸要离开我了！我感到晴天响起了霹雳，"不，爸爸！"我大声呼喊着，"人类为什么这么残忍？难道他们忘了，我们曾经怎样忠诚地帮助过他们？这样对我们太不公平！"爸爸似乎很平静："孩子，别难过。人类也会犯错误，总有一天，他们会迷途知返，善待我们。"话音未落，我看见爸爸的眼角流下了两行热泪……

尽管我很坚强，尽管我不怕风沙，从不流泪，但此时，泪水却模糊了我的双眼。蒙胧中，我仿佛回到了阔别已久的故乡——一望无垠的大沙漠中，妈妈和小伙伴正微笑着向我走来……

名师点评

文章采用动物的口吻，以第一人称叙事，直接叙述了受伤害的动物悲惨的遭遇，很能打动人心，引人深思。这种叙述角度的转换，能使人们更清楚地看到自身对待动物的不善之举，增强文意的表达效果，而且文章的抒情性也得到了加强。

读写联通屋

螳　螂

暑假里，我喜欢观察爬在树枝、草茎上或地上的螳螂。

螳螂的样子真特别，它的头很像一个倒立的三角形，头上有一对大眼睛和一对长触须；更有趣的是它的两只前脚长得像又长又大的镰刀，上面有很多锐利的齿;它的腹部大致呈椭圆形,上面覆盖着薄薄的翅膀,腹部两侧各有一对中肢和后肢。

然而引起我浓厚兴趣的不仅仅是它的外表,我更喜欢看螳螂捕食。螳螂是一种肉食性益虫,它捕捉昆虫的本领可高了。瞧,螳螂悄悄地躲在一朵花附近,忽然来了一只苍蝇,螳螂抱着前脚一动不动地盯着苍蝇,随时准备一跃而起。当苍蝇醉卧花心时,螳螂立即收起前脚,然后又箭一般地弹出,将苍绳夹在前脚的锯齿之间,可恶而又可怜的苍蝇就这样成了螳螂的美餐。这前后竟然不到半分钟时间!

我把螳螂从花上移到地上,捡一只死蟋蟀来犒劳它。它极快地扑过去将死蟋蟀夹在前脚之间,却又极快地扔掉,掉头追捕另一只活蹦乱跳的蟋蟀。哦,原来螳螂不吃死的昆虫,要靠自己的劳动获取鲜美的活物呢!我目送着螳螂抬起前肢,用中肢和后肢缓缓走进草丛,觉得它真像一个凯旋而归的风度翩翩的将军!

转眼间,愉快的暑假结束了,我不得不告别了我的螳螂。没想到。在金秋十月郊游的时候,竟看到了一只和枯叶颜色一模一样的螳螂。久违了,好朋友!想不到你还是自然界伪装的高手呢!

思考题

1. 作者从哪几个方面介绍了螳螂?

2. 把文章中写螳螂外形的句子划上记号,并说说作者用了什么修辞手法写它的外形?这么写有什么作用?

3. 作者描述螳螂外形转到捕食过程的过渡句是哪一句?

口语交际　谈谈对“古迹遭破坏”问题的看法

交际指导

同学们,我们的祖国历史悠久,文化灿烂,古迹众多。东有普陀山寺院,西有拉萨布达拉宫,南有大理三塔,北有万里长城,中有武当山金顶……参观、游览这些古迹,让人增长见识,开阔视野,更激起对祖国的热爱。但有的人在参观、游览古迹时,对古迹破坏得很严重,今天,我们看到有关长城遭到破坏的报道,一定会有很多话要说,那就请同学们各抒己见吧。

1. 我们可以谈谈其他地方文物古迹遭到破坏的现象。
2. 我们可以谈谈看到或听说文物古迹遭到破坏的感受。
3. 我们可以谈谈哪个地方对文物古迹保护得很好的做法和经验。
4. 我们可以重点谈谈保护长城的建议。
5. 最后我们还可以谈谈能为保护文物古迹做什么力所能及的事。

交际例文

小玉:我了解到不仅仅是长城遭到破坏,其实像在故宫内拍戏,对故宫也有不同程度的破坏;武当山遇真宫因为在里面用电而发生火灾被烧毁;还有一些城市,为了建设,任意拆毁一些古民居,对文物古迹也是重大的破坏;还有些罪犯偷盗文物卖到国外……

小东:看到长城遭到破坏的报道,听了小玉的介绍,我心里很难过,我真想当面阻止那些破坏者。

小青:我建议国家针对长城制定《长城保护法》,让人们意识到爱护长城光荣,破坏长城可耻。还要派人在保护区内巡视,及时发现并制止对长城的破坏行为,住在长城附近的小朋友们,节假日也应该在保护区内义务巡视。

小玉:对,小朋友要成为保护我们身边的文物古迹的小主人,要做有心人,发现破坏文物古迹的行为要当面制止或报告家长、老师,或报警。

小东:我们还可以捐点钱给有关部门,用来维修遭到破坏的文物古迹。

同步习作　写一篇导游词

题解金钥匙

小朋友，你到过长城吗？万里长城万里长，它是我们中华民族智慧的结晶，是我们中国人的骄傲和自豪。你到过布达拉宫吗？布达拉宫历经一千多年，见证了汉、藏两个民族人民的和睦和团结。如果你到过这两个地方，一定会对导游精彩纷呈的介绍留下不可磨灭的印象。他们有时介绍建筑历史，有时介绍建筑规模，有时介绍相关的动人故事，有时介绍相关的美丽传说……导游的介绍让我们领略了自然景观的美好和人文景观的灿烂，让我们懂得了许多历史、文物知识，明白了爱护文物古迹非常重要，非常必要，可见导游的重要作用。今天，我们来当一回导游，写一篇介绍自己熟悉的“世界遗产”的导游词，好不好？

名师点津室

习作要求

本次习作要求写一篇关于我国“世界遗产”的导游词，导游词中必须对景点最有特色的内容进行介绍，你既可以对它的风光进行介绍，也可以介绍与之有关的历史知识、传说、故事等，注意要提示游人们游览的注意事项哦！

发散思维

本次习作内容是对我国“世界遗产”的介绍词，我国地大物博、山河壮丽，我们可选择的范围非常多，气魄雄伟，被誉为世界历史上伟大工程之一的长城；我国现存规模最大最完整的古建筑群故宫；俗称千佛洞，世界上现存规模最大的佛教艺术宝库敦煌莫高窟；被誉为世界八大奇迹，世界上规模最大、结构最奇特、内涵最丰富的帝王陵墓之一的秦始皇兵马俑……你介绍时既可以讲景点的风光，也可以讲与景点有关的故事、传说，还可以讲景点的历史背景、历史变迁，该世界遗产在世界上的重要地位等等。

集中思路

这次作文，要写自己比较熟悉的“世界遗产”，当你选定要写的景点之后，需要广泛地收集相关的资料，做到了解详尽再动笔。写作时，要有称呼，要提醒游客所到地方的景点名称、语言要通俗易懂，语气要亲切自然。讲解景点时要按照一定的顺序，可以按游览顺序介绍，也可以按空间顺序介绍。同时要选取最有代表性的，最有特色的地方向大家介绍，要把景点、文物古迹的特点写清楚。

技巧点拨

1. 写作时，可以介绍与景点有关的故事、传说，这样可以使解说词更为富有文化内涵与趣味性，使游客尽情饱览景点风光的同时领略世界文化遗产的艺术魅力与风韵。

2. 注意提示参观游览的人要注意安全，要爱护环境，要爱护文物古迹。

习作提纲

示例：

峨眉山洪椿坪导游词

前言：向游客问好并做自我介绍，说明要游览的景点是峨眉山洪椿坪。（略写）

总述：对峨眉山洪椿坪的总体介绍，说明景点的主要特色，并对景点内各景观作简要提示。（略写）

分述：按游览顺序对所选景点逐一进行生动、具体的解说，如洪椿坪数不胜数的珍贵文物：众多的楹联；观音殿楼上的木制千佛莲灯；“峨眉山十景”之一的“洪椿晓雨”的迷人风情……（详写）

结尾：对游览内容的小结，并与游客们道别。（略写）

素材搜索库

精彩好词

佛寺　名刹　庙堂　香炉　楼阁　飞檐　廊亭　矗立　宫殿　故宫　华丽　精美　园囿　幽静　秀美　古柏参天　曲径幽深　规模宏大　造型优美　工艺精美　富丽堂皇　精雕细刻　玲珑别致　古朴典雅　举世闻名　巧夺天工

精彩好句

♠寺院周围，那九座富有色彩的山峦，像正在开屏的孔雀，那艳丽迷人的尾巴环抱着孔雀头——潭柘寺。

♠那茂密的林子，那鹅毛绒似的草地，那玲珑的小山，那清澈见底的荷池，那拱形的小桥，都像画一样，显露在人们面前。

♠长城，远远望去像一条长龙，在巍巍群山之间蜿蜒盘旋。它全长一万三千多里。国父孙中山参观长城后，评价道："中国最有名之工程者，万里长城也。……工程之大，古无其匹，为世界独一之奇观。"

精彩段落

♠走进大成门，来到我国三大殿之一的大成殿。前面并排有十根石柱，每根石柱上都雕刻着两条巨龙，一条在上面，一条在下面，它们盘绕升腾，腾云驾雾，向中间游去；中间呢，有一颗宝珠，围绕着一些火焰。喔，两条巨龙在争夺珠子呀！这就是有名的"二龙戏珠"。

♠拙政园是苏州最大的名园，建于明朝。我们一进拙政园，首先映入眼帘的就是参天的苍松翠柏、玲珑剔透的亭台楼阁。我们走到荷花池边，看见水波荡漾，大鲤鱼在欢快地游着。园内的假山、池水、绿树，构成了一幅幅动人的画面，令人目不暇接，不愧是江南园林的精华。

♠我们的船要靠近榕树了。我们可以看清这大树了。这棵树占地160多亩，枝干的数目不可计数，一部分的树枝垂到水面，从远处看，就像一棵大树躺在水上。现在正是枝叶繁茂的时节，树上已经结了小小的果子，而且有许多落下来了。这棵榕树好像在把它的全部生命力展览给我们看。那么多的绿叶，一簇堆在另一簇上面，都留一点缝隙。翠绿的颜色明亮地在我们的眼前闪耀，似乎每一片树叶上都有一个新的生命在颤动！

♠那些站在队伍最前面的一定是将军俑，他们一个个头戴金盔，身披铁甲，手握宝剑，威风凛凛的。后面那些没有盔甲的，一个个挺胸而立，精神抖擞，一定是武士俑……看着这些神态各异、栩栩如生的兵马俑，我仿佛看到了那千军万马奔腾厮杀的古战场，听到了那号角齐鸣、战鼓咚咚的厮杀声。

精彩开头

♠各位游客大家好，今天就由我来带领大家共同游览颐和园。希望我的讲解能够令各位满意，让我们共同度过这一美好的时光。

♠大家好！欢迎您来到长城游玩，希望我们的服务能让您多一份欢乐，也希望您能玩得开心，玩得尽兴，玩得满足。接下来，我先向诸位介绍一下长城的概况。

♠各位游客们大家好，欢迎您来到广东省新会县环城乡天马村前的天马河。现在你正在目睹的就是这棵已有五百余年历史的大榕树，它可是世界上独木成林的最伟大的奇观。它占地20多亩地，枝干覆盖了整个小岛。

精彩结尾

♠今天的观光游览就要结束了，在颐和园的这段时光希望能成为您北京之游中的永恒记忆。同时也请您把我的祝福带给您的家人、朋友。

♠长城，用“举世无双，独一无二”来形容它，一点也不过分。今天，就让我们怀着“不到长城非好汉”的心态登上它，领略它的雄伟，壮观。

♠今天我们就游览到这里，明天我们返回南宁，结束这次旅游。

精彩题目

《秦始皇兵马俑导游词》《莫高窟导游词》《天坛导游词》

范文点评台

颐和园导游词

各位游客，大家好！我叫张方方，今天，就由我来带领大家共同游览清代的皇家园林——颐和园。颐和园是世界上选景丰富、建筑集中、保存最完整的皇家园林。

进入东宫门，就会看到一座雄伟的建筑，这就是仁寿殿。殿内的地平床上有九龙宝座。它后面还设有紫檀木九龙屏风，屏风以紫檀木为框架，雕有九条闹龙，中心是玻璃镜，镜面上写有226个不同写法的寿字。这个玻璃风景台屏是用翠鸟的羽毛粘制而成的，这个乾隆年间的作品虽然历经二百多年可还是色彩依旧。

（抓住了重点。）

来到仁寿殿的假山中，好像已经没有路可走了，可是随着不断的前进，豁然开朗，在我们前面便出现了一碧万顷的昆明湖，这真是“山重水复疑无路，柳暗花明又一村”。昆明湖原来是一个由泉水汇聚而成的湖泊，叫西海，面积还没有现在的一半大。到了乾隆年间，将这里进行了改造，形成了今天的湖泊。

（引用古诗形象写出了景点与景点之间过渡的情景。）

继续往前走，我们就走上了连接万寿山与昆明湖的长廊。它东起邀月门，西止石丈亭，全长728米，共273间。长廊是我国园林中最长的游廊，也有画廊之称。这是因为在廊中共有苏式彩绘1.4万多幅，而且很少重复。其中有关于西湖风光的546幅，是乾隆十五年建筑长廊时，命人到杭州临摹回来

（用数字和例子说明画廊在我国及世界绘画史上的重

画上的。人物画多采用了我国古典文学名著，比如《西游记》、《三国演义》、《红楼梦》等等，所涉及的内容时间跨度非常大，从三皇五帝到清朝，上下五千年，可以说是我国文化史的一个缩影，在1900年的时候，这里被《吉尼斯世界纪录大全》评为全球画廊之冠。

要地位。

最后站在智慧海，回望颐和园，昆明湖碧波荡漾，风光旖旎；万寿山下，琼楼玉宇，金碧辉煌。

今天的观光游览就要结束了，希望美丽的颐和园能成为您北京之游中的永恒记忆。

总结全文。

名师点评

小作者以游客行踪为线索，介绍了仁寿殿、昆明湖、长廊、智慧海等几个景点，既介绍了有关的历史，又介绍了建筑规模、建筑特点。不仅使读者身临其境，而且使读者了解了很多历史、建筑、绘画等方面的知识。

布达拉宫导游词

各位游客，你们好！欢迎你们来布达拉宫观光旅游。

布达拉宫是一座融宫堡和寺院于一体的古建筑群，它由红山南麓奠基，缘山而上，依势而起，从地平直达山顶。主楼共13层，高113米，面积约12万平方米。远望宫宇叠砌，巍峨耸峙，近看气势磅礴，宏伟壮丽，登观俯瞰全市，傲视群山。

写出了布达拉宫的高大宏伟、气势不凡。

布达拉宫相传始建于7世纪的松赞干布时期，以后又多次增修与改建，始具今日规模。

历史悠久。

现在，我们参观的是曲结竹普，曲结竹普建于7世纪，是布达拉宫最古老的建筑之一，里边保存有松赞干布、文成公主和尼泊尔公主及其大臣的塑像，是吐蕃时期的雕塑品。

由下到上，按空间游览顺序依次介绍布达拉宫各建筑。

由曲结竹普再上一层楼，便是帕巴拉康。帕巴拉康也是早期建筑，几经维修已失原貌。主供像是帕巴·洛桑夏燃佛，相传为松赞干布的本尊佛像，亦是布达拉宫的主要供佛。

我们现在已上到布达拉宫最高的殿堂，这里被称为萨松朗杰（意为胜界），宫殿内供的是乾隆皇帝的画像，画像前供有皇帝"万岁"的牌位，牌位用汉、藏、满、蒙4种文字书写。自七世达赖噶桑嘉措起，各世达赖每年藏历正月初三凌晨到这里向皇帝牌位进行朝拜，以表明对皇帝的臣属关系。

布达拉宫的建筑艺术，主要显示了藏族传统的建筑形式和石木结构等风格，同时也吸收了汉族方面的梁架、斗拱、金顶、藻井等特色。它不仅是藏族劳动人民智慧的结晶，也是藏汉人民团结协作的佐证。

指出布达拉宫是汉藏人民团结的象征。

游客朋友们，我们今天的游览即将结束，美丽的布达拉宫欢迎你们下次再来！谢谢大家。

名师点评

习作者向我们介绍了西域高原独具特色的宫殿——布达拉宫，行文流畅，用词准确，条理清楚，思路清晰，让读者了解了布达拉宫的历史，结构作用，以及汉藏相结合的建筑形式和风格，赞美了劳动人民的勤劳智慧，歌颂了汉藏人民世代友好、和睦团结的深情厚谊。

北京天坛导游词

各位游客，大家好！今天，我们将参观的就是以前皇帝祭天的地方——天坛。

来到圜丘坛下，我们马上开始登坛了，不过我请你留心每层坛面，有多少台阶。到了最高层，大家也都发现了，坛上所有的台阶数，护板数都是九或者九的倍数。因为根据阴阳五行来说，9是极阳数，所以古代工匠用这个数字来赋予圜丘坛意念上的崇高。

抓住"9"这个数字，说明台阶数、护板数的特点及寓意。

现在我们继续沿着中轴线行走，面前的建筑叫做天库，而它的正殿就是皇穹宇。这组建筑不仅十分精美，而且还有回音壁和三音石。回音壁就是皇穹宇的外墙，围墙建造的磨砖对缝，十分的平滑，是很好的声音载体，可以传声，在传递途中对声音损失极小，只要对着墙说话，就算相隔四五十米，见不到面，都可以清晰地听到对方说话。而三音石则是皇穹宇大殿正前方的三块石头，您站在第一块石头上拍手可以听到一

准确介绍了回音壁和三音石的声学原理。

次回音，第二块石头可以听到两次回音，而第三块就可以听到三次回音，所以称为三音石。在后来也有人把它叫做三才石，取天地人三才的意思。

继续朝前走，过了丹陛桥(也叫海墁大道)，呈现在我们面前的就是祈谷坛。祈谷坛主体建筑祈年殿下的基座是三层圆形石台。这里就是皇帝每年用来祈谷的地方，礼节和祈天差不多。

不是主要景观可简略一些。

游客们，今天的观光游览就要结束了，希望今天的游览能成为你美好的享受，永恒的回忆，也请你把天坛的祝福带给你的家人、朋友。

名师点评

习作者重点介绍了天坛的圜丘坛、皇穹宇和祈谷坛，又重点介绍了天坛的声学现象，这样做到了重点突出，也就点明了天坛建筑巧妙绝伦、合乎科学的特点。同时，习作者对声学现象的科学解释，使读者如临其境，如闻其声。

八达岭长城导游词

各位游客，大家好！欢迎大家到八达岭长城来旅游。

游客们，现在，我们已经来到了著名的八达岭长城上。您顺着长城向远处看，可以发现这里的长城分为南、北两峰，蜿蜒于山脊之上，如龙腾虎跃，气象万千，景色十分壮观。往下面看是有两个门洞和U字形城墙的瓮城。瓮城两门之间相距63.9米，西门楣额题“北门锁钥”，东门楣额题“居庸外镇”，城门洞上，安装有巨大的双扇木门，门内安装有木顶格和锁闩。平时，大门敞开，行人商旅自由出入；战时城门紧闭，严实坚固，一旦发出反击号令，城门洞又是千军万马发起冲锋的出口。在瓮城墙上内外两面都有垛口墙，四面拒敌。倘若敌人攻破关门，涌入城内，将受到四面守城将士的围歼，敌人如落瓮中。瓮城是长城的一个重要组成部分。它一般都建在地形险要的交通要道上。

用词生动形象，突出了八达岭长城的壮观景象。

准确地介绍了八达岭长城作为军事要塞的建筑特点和在古代的功用。

站在城上，把视野投向更远处，我们会看到来往不断的车

登高远望，一方面写

辆和络绎不绝的游人。这里不仅是古代重要的军事防御关口,而且也是交通要道。从这里南通昌平、北京,北去延庆,西北往宣化、张家口,“路从此分,四通八达”,八达岭也因此得名。

视野开阔,一方面介绍了“八达岭”名称的由来。

北8楼是八达岭长城海拔最高的楼,高达888.9米,登上楼观山望景,只见崇山峻岭之间云雾缭绕,城镇、村庄时隐时现,如一幅壮美的画卷。

比喻形象,突出了景色的壮美。

从关城城台到南峰的最高处南4楼,城墙长685.8米,高度上升142.4米,特别是南3楼至南4楼之间,山脊狭窄,山势陡峭,长城逶迤400多米。城顶最险处,坡度约为70度,几乎是直上直下。南峰长城以南4楼地势最高,海拔803.6米。登楼眺望,长城自西南向东北蜿蜒于山脊之上,宛如苍龙,宏伟壮观。

用具体数字说明八达岭长城的陡峭、险峻。

游客朋友们,我们的介绍就到这里了,大家现在自由活动,多拍几张照片留作记念,但请大家一定要注意安全,半小时后我们在这里集合。谢谢大家!

名师点评

本文采用先中间后北、南的空间顺序,介绍了八达岭长城的瓮城建筑特点及当年在军事上的作用,介绍了八达岭长城的交通枢纽地位,突出了八达岭长城的壮观与险要,在介绍的同时,流露出作者对八达岭长城的赞美之情。全文思路清晰,层次分明,重点突出。

武当山导游词

各位游客:大家好!欢迎大家到武当山来,我叫王媛,今天我将带大家一起游览武当山,让我们一起去领略那里秀丽的自然风光和浓郁的道教文化。

武当山位于湖北省丹江口市境内,是道教圣地,又是武当拳的发源地。

在我国历史文化史上具有重要地位。

武当道观从唐贞观年间开始修建,到明永乐年间达到高峰。从古均明城到天柱峰顶,建起了三十三个大型建筑群落,

历史悠久,规模宏伟,占地广阔。

连绵四十华里，面积一百六十万平方米，宫观庵堂两万余间。

从山脚向山上走，现在，我们来到武当山三十六岩中最美的南岩，这里充分体现了武当山自然景观与人工建筑的完美统一。这座雄居于悬崖上的石殿建于元朝，悬崖旁边有一个雕龙石梁。石梁悬空伸出 2.9 米，宽只有 30 厘米，上雕盘龙，龙头顶端雕有一个香炉，这便是著名的“龙头香”，过去有些香客冒着生命危险去烧龙头香。

“龙头香”建筑精美、奇巧，巧夺天工。

经过一番努力，我们终于登上主峰天柱峰。天柱峰海拔有 1612 米，素称“一柱擎天”。站在峰顶，可以清楚的看到“七十二峰朝天顶”的壮观景象。而天柱峰之巅的这座金壁辉煌的殿堂就是金殿了。金殿没有一根钉子，全是铸好各个部件后运上山搭建而成，卯和的非常严密，看起来好像是浑然一体的。大家看，这边的长明灯相传是从来不灭的，据说是因为藻井上的这颗“避风仙珠”能镇住山风的缘故。其实神灯长明真正的原因是因为殿门的各个铸件都非常严密精确，可以改变风吹来的方向，由此可见我国古代劳动人民智慧和技艺的高超。

抓住了金殿没有一根钉子的特点，说明修建者技艺高超。

介绍了神灯长明的科学原理。

说了这么多，我想大家一定想自己去感受感受这美丽的天柱峰了吧？下面的时间就请大家自由活动。但是请大家注意，由于我们现在位于峰顶，请大家一定要注意安全。祝大家玩得愉快！我在这里等候你们。

名师点评

本文用准确、生动的语言介绍了有关武当山的传说，武当山的建筑规模和几处重要景点。作者在介绍时，按照由下到上的行踪顺序，做到了层次井然；突出了重点，处理好了详略；还注意抓住了景点特征，并且进行了科学说明。

修改百宝箱

修改指南

可能大多数同学都是第一次写导游词，写完后总会有不尽完善的地方，请同学们拿起笔来修改一下自己的习作，使它尽善尽美吧。

1. 你介绍“世界遗产”时是不是把它的美丽风光、风土人情、历史变迁都很好地介绍了？如果没有介绍到是不是因为材料不充分，没能支撑起作文的框架，那么就应该替换或补充材料。

2. 你的文章结构是否合理？详略是否得当？上下文连结是否自然？如果不是请改正，应该重点突出该景点最具特色的景观来详写，过渡时可以用轻松的口语来带过。

3. 导游词不同于一般文章，应使用生动、形象的口语，如果使用书面语也应该是通俗易懂的，不能过于生硬。你做到了没呢？没做到就赶快修改吧。

4. 参观游览时的注意事项你是否有交待呢？这是写导游词时一定要提及的。

5. 将不通顺的句子改通顺，修正错字漏字。

病文评改

四川黄龙导游词

黄龙，位于四川省松潘县境内的岷山主峰雪宝顶山下。传说大禹治水时，有一条黄龙负秀舟帮助大禹疏通岷江，到了松潘后留在了黄龙沟内，黄龙因此得名。

开篇应写欢迎词。

黄龙泉水富含碳酸钙类，因此形成了以雪山和森林俯视着的无数各具情态的钙化彩池，这些彩池艳丽奇巧，人们称它为“人间瑶池”。迎接游人的第一组梯级水池，被命名为“迎宾池”。

应该对迎宾池的形态做具体介绍。

告别迎宾池，踏上用木头搭成的人行栈道上，但见左前方一铺碧水从密林中冲出，又从高约10米，宽约60米的崖沿上飞泻而下，在起伏不定的崖壁上几经跌宕，形成数十道梯级瀑布。如遇朝阳中落日余辉的点染，瀑布还会变幻出不同的色彩，似道道彩霞铺呈在我们眼前。因此人们给它取了个富有诗情画意的名字“飞瀑流辉”。

将“朝阳中”改为“夕阳中”。

缓缓地走过“飞瀑流辉”斜坡，眼前豁然开朗，展现在游人面前的是偌大一片坡状钙化景观。这就是被人们称为“金沙铺地”的钙化流。它长约1500米，宽100米左右，据有关专家认定：这是目前世界上发现的同类形态景观中面积最大，色彩最丰富的一处。坡面的岩溶层凹凸不平，色调以金黄色为主，间或有乳白色、灰色、暗绿色板块镶嵌其中。坡面上荡漾着一层薄薄的清流。虽然水流受坡面鳞状的钙化层而形成变幻莫测的银色涟漪，好似金河泻玉。爬上金沙铺地顶端，俯视整个钙化坡面，竟是两侧低、中间一溜脊梁且表面呈鳞状，宛如一条黄色的蛟龙俯卧在坡面。到此，诸位一定已经想到，关于“黄龙”的传说故事，不正是源于这条坡状钙化流吗？

将“虽然”改为“由于”。

将最后一句的“不”字去掉，同时改成陈述句。

黄龙还有许多彩池，它们个个流光溢彩，美不胜收，欣赏彩池美景，会让你带着兴奋与满足离开这难以忘怀的“人间瑶池”，给你疲惫的身躯注入新的活力。

修改提示

本篇导游词存在以下问题：①作为导游词，文章开始要写欢迎词，结束时要写道别语或对这次旅游作个总结，本文需补充；②介绍旅游景点，最好有一个整体介绍，让游客对游览景点有个总体了解；③在介绍景点时，最好有一定的侧重点，将有代表性的景观重点介绍，而并非本文的面面俱到；④少量词语使用不当，本文主要有关联词语的使用错误；⑤导游词应注重口语化，应将“游人”都改成“大家”或“我们”。

星级评定园

同学们，在全面感受了本次习作的写作过程之后，你在写作方面一定有了不少的收获吧，相信你也顺利地完成了自己的同步作文。那么你想知道老师是如何给这次作文评定等级的吗？请根据下面的标准给自己的作文打打分吧。

1. 对古迹的描述内容具体，材料充实。（☆）

2. 有条有理，主次分明，重点景点的介绍具体、突出。（☆☆）

3. 介绍语言亲切、生动、形象，令游客听来如沐春风。（☆☆☆）

4. 开头语和结束句表达热忱，又富有提示意味，引发游客趣味和深思。（☆☆☆☆）

5. 知识性和趣味性相结合，引用史料、传说、典故或民间故事等，恰如其分。（☆☆☆☆☆）

拓展空间站

拓展习作

题目:《××导游词》

思路点拨:1. 要注意导游词的格式,每参观一个景点要提醒游客所到的地方,语气要亲切,语言要有亲和力,要通俗易懂;2. 介绍该景点的相关背景、重要地位;3. 采用移步换景逐一介绍游览的景点外观、规模、景致等等;4. 介绍时,还可以穿插介绍一些与景点相关的故事、传说,名人题写的诗词、楹联。

例文选萃:

故宫三大殿导游词

各位游客:

大家好!

今天,我们来参观游览故宫三大殿,希望你们在参观游览中对故宫有更深的了解。

故宫又叫紫禁城,修建于明朝永乐年间,占地72万平方米,是世界上规模最大,保存最完整的宫殿建筑群。它有四座城门:南面午门,北面神武门,东面东华门,西面西华门。走进午门,是一个宽广的庭院,弯弯的金水河像一条玉带横贯东西,河上是五座精美的汉白玉石桥。桥的北面是太和门。进了太和门,就到了紫禁城的中心——三大殿:太和殿、中和殿、保和殿。

现在我们面前这座宏伟的建筑就是太和殿了。它是故宫中最高最大的建筑,高28米,面积2377平方米,俗称金銮殿。“太和”二字出自于《固易》中的“保和太合”,而太和的观念是上古天人和一观念的延伸,强调了君臣之间,人与自然之间还有各个民族之间的和谐。在太和殿的屋顶正脊上还有一个高3.36米的大吻,往下还有11个垂脊兽,在我国古代,异兽的数量越多,代表了殿宇等级越高。在殿内有72根大柱支撑,当中的六根是沥粉贴金云龙图案的金柱,上面支撑了藻井,在藻井中雕刻有蟠龙,龙口中衔有轩辕镜。轩辕二字出自于我国古代天文学中的轩辕星,意思就是轩辕黄帝之星,也是掌管雷雨之星,在殿顶上建有藻井,一是为了代表当朝的皇帝才是中华民族的正统继承人,第二则是起到了镇火的作用。

太和殿后面是中和殿。这是一个亭子形方殿,殿顶把四道垂脊攒在一起，正中安放着一个大圆鎏金宝顶，轮廓非常优美。举行大典，皇帝先在这里休息。清朝规定每十年都要修一次皇室的家谱，也就是玉牒，在修订好以后，就要在中和殿内让皇帝阅览，并举行存放仪式。

中和殿后面是保和殿。殿前广场是举行最高一级考试——殿试的地方。

好了，我们游览完了故宫三大殿，这样宏伟的建筑群，这样井然有序的布局，这样的庄严肃穆，不能不令人惊叹。

名师点评

本文首先对故宫做了整体简介，引出四大门、三大殿，然后采用移步换景的写作顺序，写了故宫的三大殿。其中对最为宏伟的太和殿作了重点描述，突出了太和殿的雄伟壮观，庄严肃穆。结构层次清晰，详略安排得当。文章极富知识性，使游人一饱眼福之外，还了解了大量历史知识、文化常识。

话题作文

题目：真正的快乐

一群年轻人到处寻找快乐，却遇到许多烦恼、忧愁和痛苦。

他们向苏格拉底请教，快乐到底在哪里？

苏格拉底说："你们还是先帮我造一条船吧。"

这帮年轻人暂时把寻找快乐的事放到一边，找来造船的工具，用了七七四十九天，锯倒了一棵又高又大的树，挖空树心，造出了一条独木船。

独木船下水了，他们把苏格拉底请上船，一边合力荡桨，一边齐声唱起歌来，苏格拉底问："你们找到快乐了吗？"

他们齐声回答："找到了！"

请以"真正的快乐"为话题，写一篇作文，题目自拟。

思路点拨：真正的快乐是什么？可以从名著中、困境里的人事中、平凡岗位上的人事中选取角度，可以从自己日常生活中种种小乐趣着手，思路开阔，对话题的理解也就深刻了。写好本题，还应注意三点：其一，需直面"真正的"做到中心突出，可以用两种性质不同的快乐比较强调；其二，要有真情实感；其三，言之成理，把什么是真正的快乐、怎样得到快乐做必要的详述，使之更贴切，富有感染力。

例文选萃：

快乐交响曲

新的一天开始了，校园里又响起了和谐的交响曲。下面，我们就去摄取几个快乐的镜头吧!

镜头一:教室内

下课铃响了,同学们纷纷飞出教室,参加自己喜爱的活动。

咦?那儿还有个虎头虎脑的大男孩正紧皱眉头,苦思冥想哩。不消多讲,十有八九是"数学家"苏璇。提起苏璇,可谓是大名鼎鼎啊!不管多难的数学题,到他的手里都会迎刃而解。他有一句名言:题目再难,决不弃权!把大伙儿羡慕死了。咱们不多打搅他,让他在数学王国尽情遨游吧。

咦?那儿还有一位"二饼先生",正津津有味地翻着一本厚厚的书。准是又在为爬格子作理论铺垫了。不是吗?这位"如月"小姐自从有几篇"豆腐块"见报之后,对读书更是如饥似渴了。大伙儿美其名曰"小作家",她也乐此不疲。

镜头二:走廊

那里围了一群人,咱们得去看看。噢,他们正在谈论着关于"非典"的话题呢!小公民也能关注国家大事了,了不得。大伙儿各抒己见,讨论热烈。有的说:"非典传染性极强,我们必须积极锻炼身体,增强身体免疫力。"有的说:"医护人员,真了不起,长大以后我也要当一名白衣天使。"……半晌,一个白白净净的男孩神情严肃地发话了:"我们只有刻苦学习,长大了才能攻克医学难题,让'非典'不再肆虐!"那不是幽默大王严欣吗?也能出此豪言壮语?看着他那庄重的神态,真令人肃然起敬。

镜头三:活动室

现在是兴趣小组活动时间,让我们也去看看。

书画室里面鸦雀无声,人却不少。小"书法家"王赟哪去啦?找着了,找着了,她那瓜子脸白皙清秀,弯弯的眉毛如月牙一般,俊俏的眼睛美丽传神。不是她还会是谁呢?让我们把镜头拉近一点,哇!"齐心协力,非典何足惧哉!"几个遒劲有力的大字映入眼帘,简直和大书法家王羲之的作品如出一辙呢!

音乐室。"今天是个好日子……"小姐妹们手举鲜艳的大红灯笼,扭动着窈窕的身姿,正伴随着宋祖英那高亢激昂的歌声翩翩起舞呢!瞧,她们那投入的神态,我们都有如痴如醉之感了。

镜头四:包干区

"春天在哪里呀,春天在哪里?……"放学的音乐声响了,同学们背上书包，陆陆续续地离开学校。颜菡鑫呢？怎么不见她人影呀？这个“老黄牛”一定在包干区。果然不出我所料，她正率领着值日生忙得热火朝天呢！身为劳动委员，她工作可谓是尽职尽责，每天最后一个离开教室的是她，脏活累活抢着干的是她，放弃课间休息，不断在包干区巡视的还是她！难怪大伙儿亲切地称她：“四(3)班的老公仆！”真是名副其实呀！看她那汗流浃背的辛苦样，我对她充满了敬意！

好了，让我们休息一会儿吧！暂时拜拜！

名师点评

小作者摄取四个富有代表性的镜头，从学习、生活、劳动等方面反映了丰富多彩、充满快乐的校园生活，展现了当代小学生健康向上的精神风貌，构思巧妙，主旨鲜明。

文章的语言生动活泼，对人物的刻画虽是简笔勾勒，却能抓住不同人物的形象特征，使不同的人物形象栩栩如生地凸现在读者面前，笔力不俗。

读写联通屋

九寨沟导游词

游客朋友们：

大家好！

欢迎你们到九寨沟，进入九寨沟，你们就是九寨沟童话世界里的公主和王子，希望你们在沟内玩得开心。

各位朋友，我们从九寨沟中心诺日朗的左边出发，就是则渣洼沟。沿着沟前行，看到的第一个海子叫下季节海。

下季节海是岩溶洼地阻塞而成的湖泊。石灰岩被水溶蚀，形成溶漏斗状洼地，后来洼地地下通道被泥沙阻塞，而洼地下游出口又被厚达50米的泥沙完全阻断成为湖泊，湖水全靠雨季地表水及地下水补给，冬季因地下水位下降而最终干涸。

游客朋友们，继续向前走，展现在眼前的小巧玲珑，明艳夺目的水池，就是五彩池。五彩池是九寨沟玲珑剔透的水池，五彩池的水来自长海，通过地下水渗透，所以五彩池的水底常年保持恒温，而不会结冰。沿着189级直线石阶而下，可看见五彩池中钙质岩层像一朵开放的莲花，别具一格，在太阳的照射下，更是绚烂多姿。传说，五彩池是仙女沐浴留下的胭脂，所以才这么美艳夺目。

我们现在走向则渣洼沟的最后一个景点，九寨沟内最大的海子——长海。长海是远古冰川的儿子，它没有出水口，靠冰碛物阻塞成湖，长海的南边冰川雪峰上的积雪是长海的水源，所以称长海为“装不满，漏不干的宝葫芦”，每当夏秋时节，长海水色湛蓝，无污染液化石油气船可载您在宽阔的长海中游弋，冬季长海水面上会结上厚度60厘米的冰层，这时长海又成了冰的海洋。

我们看到了九寨沟许多美丽的景色，感受颇为丰富，九寨沟以叠瀑、翠海、彩池、雪峰、藏情五绝而被世人称为“人间仙境”“童话世界”。

九寨沟四季奇水荟萃，翠海叠瀑穿林跨谷数十公里，是九寨之瑰宝，这些海子个个清澈凝翠，透明见底，并且随光照变化和季节推移而呈现出不同的风姿。如果说翠海叠瀑是九寨之魂，那么森林则是九寨之躯，海子只有在森林的怀抱中才如此的静谧恬美，瀑布只有在丛林悬壁中跌落，才如此激情洋溢；而苍山雪峰却是铮铮傲骨，支撑着九寨沟。

九寨沟翠海叠瀑的形成，则是由于岩溶、泥石流滑坡、冰川运动、流水和生物钙化作用等多种因素，使整个景区沟壑纵横，翠海叠瀑，好似大自然撰写的一部壮丽的史诗，记录着地壳的沧桑变迁和生命的进化历程。

好了，各位游客，我们今天饱览了则渣洼沟的美景，明天还有更美的景色在等着我们，希望大家保持体力，明天继续！

思考题

1. 这篇导游词采用了先________后________的结构来介绍九寨沟，对则渣洼沟的介绍则采用了________的顺序。

2. 九寨沟以哪五绝被世人称为“人间仙境”“童话世界”？它翠海叠瀑的景象是怎么形成的？

3. 导游在开头将游客比作什么？这样写有什么好处？

第六单元

口语交际 模拟感谢或安慰

交际指导

小朋友，你遇到困难的时候，有没有人帮助过你？如果得到过帮助，你一定会说出感谢的话。对，得到了别人的帮助，就应该说出得体的话感谢，这样才会得到更多的帮助。同时，我们还要安慰有困难的人，这样困难中的人才会感悟到世间真情，人间温暖，才会增强战胜困难的信心。今天，我们分角色来模拟感谢或安慰，好不好？

1. 对话时要有称呼。

2. 说感谢的话时，要出自真情。

3. 说安慰的话时，一定要得体，该委婉时一定要委婉。

交际例文

小青：小东，这次你家遭了火灾，家里烧得什么也没有了，政府会想办法帮你家的，我们也不会袖手旁观的，你不要太难过，好吗？

小玉：小东，这是我们捐的几件衣服，你穿着试试看。

小思：小东，这几天没地方睡，就到我家睡，好吗？

小中：小东，这500元钱是老师和同学们捐的，你拿着。你要坚强些，有大家在，困难只是暂时的。

小东：小青、小玉、小思、小中，我真心地感谢你们对我的关心和帮助。你们的帮助，使我更有信心战胜困难。我一定要安下心来学习，用优秀的成绩来表达我对你们的感谢。

同步习作 看图作文记人间真情

题解金钥匙

我们生活在一个充满爱、充满真情的世界，天天享受着父母之爱、老师之爱、同学之情……你留意过吗？你用心体会过吗？如果没有，现在，拿起你的笔，来描述一段不是亲人胜似亲人的感人故事，让周围的人和你一起，体会故事中人物之间的那份真情。

名师点津室

习作要求

本次习作有两个内容,同学们可以自由选择。一是看图作文,根据课本中提供的图画以《胜似亲人》为题写一篇习作;二是写生活中的真实故事,这个故事既可以是亲身发生在你身上的,也可以是你看到或听过的,要求写清楚事情的经过及你对此的感想。

发散思维

1. 写看图作文。

写看图作文,在细致观察图画之后,不能仅仅局限于图画本身,应该根据图画提供的内容和线索联系到日常生活中的所见所闻去展开,同学们可以借助想象使更多的图画浮现在你脑海中,并和习作提供的图画联系起来,拼凑成一个完整的故事。同学们可以想想,小姑娘为什么要给老奶奶洗衣服?老奶奶没有亲人可以依靠吗?她们是怎么认识的呢?小姑娘是偶尔还是长期在照顾老奶奶呢?老奶奶搂着小姑娘会对她说些什么呢?小姑娘又会怎样回应?她们之间的真挚感情体现了什么?为什么会说胜似亲人?同学们把这些想好了,安排好了情节,你的看图作文也就完成了。

2. 写生活中的真实故事。

如果你选择这篇习作,那么写作的素材就更多了,我们的真实生活中每天都有着许许多多的故事发生,有的令我们感动;有的令我们伤心;有的令我们欢笑;有的令我们愤慨……亲人,朋友,同学,陌生人之间的种种关怀、真情令我们感动;父母的责备,同学间的小矛盾,看到他人发生的不幸令我们伤心;和父母的出游,同学们一同学习、游戏令我们欢笑;遇见不平事,受到不公正的待遇令我们愤慨……拿起笔,将你所见所闻所遇写下来与大家分享吧!

集中思路

1. 写看图作文。

首先要仔细观察图画,看图画画了什么人,人的年龄多大,穿着、神态怎样,正在干什么;图画中还画了什么东西。其次根据观察,想想图画中人与人之间是什么关系，会发生什么事，会说什么话，事情的起因、经过、结果怎样。然后把看的、想的生动、具体地写出来，注意要把记叙要素交代清楚。

2. 写生活中的真实故事

如果以此为习作内容，那么可以写的范围非常广泛，但无论你是写你自己的亲身经历也好，写自己的所见所闻也好，一定要写出真情实感，体现出人与人之间的深情厚谊。

技巧点拨

写作时，可用顺叙，也可以用倒叙、插叙；可以用语言、动作、外貌、神态、心理描写；还要注意记叙、描写、抒情的结合。

习作提纲

示例：

令我感动的一件事

开头：开篇点题，说明要写的是一件令我感动的事，引出下文插叙、倒叙内容。（略写）

中间：先写事情的起因，我因受热后贪吃雪糕生病（略写）；事情的经过：老师和同学们对我的种种帮助，如同学老师怎样照顾我，送我回家，来我家探病，为我补习等等，此处详写。

结尾：抒发自己的感动和感激之情，与开头相呼应。

素材搜索库

精彩好词

慈眉　和蔼　整洁　淳朴　安详　激动　疼爱　热情　礼貌　文静
漂亮　可爱　聪明　乖巧　兴冲冲　甜丝丝　笑眯眯　颤巍巍
饱经风霜　眉开眼笑　满脸皱纹　和颜悦色　谆谆告诫　浓眉大眼
眉清目秀　天真活泼　愁眉苦脸　急不可待

精彩好句

♠他圆圆的脸蛋，水灵灵的大眼睛，眉毛又黑又长，高高的鼻梁，小小的嘴巴，一对深深的小酒窝，脸上总是挂着笑容。

♠他赶紧一扯渔线，顿时，鱼竿弯得像弓一样，还一颤一颤的，鱼儿在水面上不停地蹿来蹿去，好过瘾啊！

♠王奶奶走过来，一把将凤儿揽入怀中，用她满是皱纹的脸贴在凤儿的脸上，粗糙的手不停地抚摸着凤儿那苹果似的脸，心疼地说："多好的孩子，谢谢你……”凤儿有点不好意思了，低下头，双手在围裙上擦了擦，红着脸说：“王奶奶，看你说的……”

♠老婆婆进屋一看，晶莹的手冻得通红。她激动地走过来，右手搂住晶莹的脖子，左手抚摸着她的脸，头贴着晶莹的头小声和蔼地说：“莹莹，你真是个好孩子，你这样照顾我，帮助我，真比我亲儿女还亲，我真不知该怎么感谢你！”晶莹小声地说：“这是我应该做的。”

精彩段落

♠只见她聚精会神地埋头计算，脑门上沁出一层细细的汗珠，似乎忘掉了周围的一切。经过认真思考，反复演算，她忽然放下了笔，举起草稿纸，高兴地跳了起来，连声喊道：“算出来了！终于算出来了！”

♠分配给我们班的任务是平整高低不平的路面。老师一声令下，队员们便分成几组，展开了劳动竞赛。男同学个个犹如猛虎，一马当先；女同学也不甘落后，冲锋在前。看，十几把铁锹上下飞舞，十几个簸箕来回传递，十几辆小车穿梭般南来北往。工地上，处处呈现出一派生机。

精彩开头

♠村里有一位王奶奶，她是苗族人，今年七十多岁了，唯一的儿子长年在外工作，家里的家务就全落在她一个人身上了。同村还有个乖巧的小女孩叫凤儿，经常来帮她做家务。

♠小雯是一名优秀的少先队员。一天，小雯妈妈对小雯说：“好小雯，妈妈要出差，一个多月后才能回来，你帮妈妈照顾一下隔壁家的凤奶奶。”“知道了，妈妈，你就放心地去吧，有我呢！”小雯懂事地说。小雯的话就像给妈妈吃了一颗定心丸，妈妈放心地走了。

精彩结尾

♠我不好意思地涨红了脸，喃喃地说：“奶奶，不用了，是我自愿为您做的，您不用感谢我。”这时，旁边的王大叔看到了说：“虽然不是亲人，但比亲人还亲啊！”

♠她们虽不是亲人，但，却胜似亲人！这个充满爱心的故事，必将一代代地相传。

♠外公吃惊地张大了嘴，我乐得“哧哧”直笑。立刻，屋子里又有了往日的笑语欢声。

精彩题目

《胜似亲人》《情满人间》《温暖的微笑》《背诗的恐惧》

《我也下了一回“海”》

范文点评台

胜似亲人

小兰是一个非常懂事的好孩子，在学校不仅学习非常好，而且乐于助人，最近由于爸爸工作的需要，他们一家三口需要搬到离她们家很远的彝族去。

开头交代小兰的懂事、乐于助人，为下文写小兰帮助老奶奶作铺垫。

他们到了彝族以后，那里的人们非常欢迎他们，对他们很热情。小兰的邻居是一位80多岁的彝族老奶奶，这位老奶奶只有一个女儿，而这个女儿长期在外工作，没有时间回来陪她老人家，因此，这位老奶奶很孤寂，脸上很少有笑容。这一点被小兰看在眼里，记在心里。她想帮助这位老奶奶做一些自己力所能及的事。

交代事情起因。

小兰是一个细心的孩子。

这是一个阳光明媚的日子，小兰早早地起床了，在院子外散步的时候，路过老奶奶家，看到老奶奶正在屋里吃力地洗着衣物和床单，小兰心想：老奶奶年纪一大把了，洗起衣服多么不容易啊！我去帮她一下吧！于是小兰快步走到老奶奶家里，有礼貌地说："奶奶，我来帮您洗吧。"老奶奶满脸惊喜，说："不用，你的好意我心领了。"小兰连忙回道："不，老奶奶，您身体本来就不太好，而且也没有人来照顾您，让我来当您的孙女吧，这样您就又可以多一个亲人啦，我也可以多一个好奶奶了，您说好吗？"小兰还没等老奶奶答话，就端起盆子开始认真地洗起来，一边洗衣服还在一边和老奶奶交谈，别提有多高兴了。

心理活动描写得好。

衣服洗完了，也晾好了，小兰刚刚准备向老奶奶道别，老奶奶就把她搂入怀里，抚摸着小兰的脸颊，眼里含着泪花，激动地说："你真是好孩子，你虽然不是我的亲孙女，但你比亲孙女还亲，我真的很高兴有你这样的好孙女。"小兰会心地笑了。

动作、语言描写很生动，进一步点题，很好地突出了中心。

名师点评

这篇文章记叙了小兰帮助彝族老奶奶做家务的故事，故事的起因、经过、结果等要素，交代得非常清楚，很好地表现了小兰乐于助人、尊敬老人、勤快能干的特点。而且文章运用了语言、动作、心理等描写方法，使文章生动、具体、流畅，有很强的感染力。结尾老奶奶的话，深化了全文中心。

胜似亲人

“小善,你又帮奶奶洗衣服了!”一个苗族老奶奶从门口进来笑着说。

起笔不凡,设下悬念。

“梁奶奶,”小善停下手中的活儿,迎了出来,“您回来了!”

“小善,你天天帮奶奶做事,奶奶不知怎么谢你。”

“梁奶奶,这是我心甘情愿的!”小善笑着说。

小善是一个汉族女孩,她的身边住着多个民族的人们,大家亲如一家。梁奶奶是个苗族老人,她的子女都在外地,家里只剩她一个人。小善看梁奶奶身边没有亲人,她想,少数民族和汉族都是一家人,应该互相帮助,所以每天放学后帮梁奶奶扫地、洗碗、挑水、洗衣服,只要她能做的她都帮着做,她怕老奶奶一个人孤独,就给老奶奶讲笑话,常逗得梁奶奶哈哈大笑。有小善陪着,梁奶奶不再孤单。

插叙,交代了事情的起因。

“小善,你天天帮奶奶干活儿,给奶奶讲笑话,奶奶真的谢谢你。我的儿子女儿在外,孙子也有你这么大了,可他们都在外地,我这儿若没有你,家里不知道成什么样儿。”说着,老奶奶的眼泪落下来了。

语言描写符合人物身份,很恰当。

“梁奶奶,老师说人们应该互相帮助的,您的儿孙在外肯定特别想您、关心您,可是没时间。”小善顿了顿,接着说,“梁奶奶,不如我当您的孙女吧!”

梁奶奶惊喜地看着小善,不禁老泪盈眶,她激动地说:“小善,你简直比我的亲孙子还亲,奶奶认你作孙女!”

点题。

“奶奶!”小善高兴地叫着,扑入梁奶奶的怀里。

“好,好,好……”梁奶奶泪水流出来了,这是高兴的泪啊!

“五十六个民族,五十六朵花,五十六个兄弟姐妹是一家……”是啊,五十六个民族都是炎黄子孙。各族人民不是亲人,却胜似亲人。

引用歌曲,升华了主题,歌颂了民族团结。

名师点评

文章通过对话交代了事情的前因后果，写得很巧妙，表现了小善乐于助人、尊敬老人的特点。全文写得生动活泼，运用了插叙的写法，使文章结构严谨。

亲　人

小兰是个懂事的女孩子，由于爸爸工作的需要，上个月，小兰一家三口搬到了离她们家很远的一个彝族大院里。

那里的人们都很欢迎她的到来。院里有一位八十多岁的彝族老人，虽然一大把年纪了，身体却还很硬朗。老人对乡邻们都很热心，哪家有困难了，她就赶忙去帮助，因此大家都亲切的叫她“王奶奶”。

（写老奶奶热心的特点，为下文写她帮小兰作铺垫。）

这天，明媚的阳光洒满了宽敞而又简洁的小院。小兰一家早早地吃了早饭，父母便匆匆忙忙地出去工作去了。小兰看到椅子上一大堆未洗的床单和衣服，想到父母每天早出晚归很辛苦，就自己动起手来。

正当小兰吃力地洗着一床大被单的时候，突然听见一阵“笃笃”声由远而近地传来。小兰抬起头，远远地望见王奶奶拄着拐杖向这边走来，边走边高兴地说：“娃儿，看我给你拿什么来了？”小兰这才注意到她手里拿着一叠东西，赶忙起身扶住老奶奶，老奶奶递到她手上，说：“这纸给你写字，你要好好学习呀。”小兰高兴地点了点头。

（写“拐杖”与图画中所画事物吻合。）

王奶奶往盆里望了望，和蔼地问：“洗衣服呢？”小兰点了点头。王奶奶走到椅子前看了看一床还未洗的被单，说：“看这被单破了，拿针来，我给你补补。”小兰心想奶奶年纪大了，怕累着老人。老人似乎看出了她的心思，说：“快点。放心，别看我年纪大，眼好使得很咧。”小兰拿了针线来，穿好了拿给王奶奶。王奶奶拿起被单，一针一线地补了起来。小兰看着王奶奶那双长满老茧的双手，心里十分感动。王奶奶还不时地告诉小兰说要好好学习，将来长大了，为咱村争光。还关切地询问着小兰的学习情况。

（表现了王奶奶老当益壮，乐于助人的特点。）

小兰感激地说：“王奶奶，你真好！以后我就做您孙女

（点题。）

儿，您说好吗?”王奶奶笑得眼眯成了一条缝，不住地点头说：“好，好。瞧我又多了一个这么懂事的孙女。”王奶奶把小兰搂在怀里，粗糙的双手抚摸着小兰红红的脸蛋，还不时地用自己满是皱纹的脸蹭着小兰的脸蛋儿，两人都高兴地笑了。虽不是亲人，可却跟亲人一样亲啊！

笑声充满了整个小院。阳光更加灿烂了，还调皮地射进小院的窗户里，把一对亲人的脸映得通红。

名师点评

本文记叙了一位彝族老人帮助新邻居小兰的事，表现了老人乐于助人的特点。事情前因后果介绍得很清楚，语言朴实，中心突出。

我帮妈妈洗脚

妈妈是一名会计师，每天都很忙，但她依旧无微不至地照顾我，甚至帮我洗脚，让我能舒舒服服地睡觉。母亲节快到了，我想亲手帮妈妈洗一次脚。

妈妈很爱女儿。

吃完晚饭，我对妈妈说：“妈妈，您辛苦啦，今天我想帮您洗一次脚。”妈妈笑了：“好孩子，真乖！”

我拿着洗脚盆打了一些冷水，又兑了一些热水，忽然想起我没拿毛巾呢，我就放下洗脚盆，赶紧去找毛巾。谁知趁我不在，爸爸神不知鬼不觉地来到妈妈身边，开始给妈妈洗脚。

写父女俩“抢活”，使文章有波折。

我回来看到从天而降的爸爸，大叫道：“老爸！干吗抢我的活啊！”正闭着眼陶醉着的妈妈吓了一大跳，红着脸对爸爸说：“哎呀，咱家女儿帮我洗脚，你凑什么热闹啊！”老爸讪讪地笑着说：“我也想搭着拍拍老婆的马屁呀！”“去，去，一边去！”老爸灰溜溜地进了书房。

我把妈妈的脚小心翼翼地放进了脚盆，轻轻地揉着，妈妈的脚上有很多硬硬的老茧，一定很疼。她每天走很多的路，她的脚一定很累。

“轻轻地揉着”，动作描写，表现了对妈妈的爱。

我给妈妈洗脚时，她一直微笑着望着我，说她今天很开心。

我下定决心，长大了，我要买一双最舒服的鞋子送给亲爱的妈妈，让她的脚不再那么辛苦。

表达美好的心愿。

名师点评

给妈妈洗脚，体味妈妈的辛劳，立意好。和老爸“抢活”，细节描写到位，活泼有趣，充满了童真，语言好。这是一篇不错的记叙文。

关　心

如果你问：在家里最关心我的人是谁？我会毫不犹豫地说：“妈妈。”妈妈在生活、学习上对我的关心可谓无微不至。至于爸爸怎么样，唉！

爸爸是我们学校的优秀教师，这是家中满墙的奖状告诉我的。他每天都是早出晚归，经常为学习差的同学补习功课，一遍不行，教两遍……直到他们弄懂为止。可是对我，就甭提了，每次放学回家，他总是叫我复习功课。遇到难题时，总是让我自己分析问题，当我有不认识的字问他时，他总是习惯地往书桌上呶嘴。唉，又是让我查字典，真气人！你们说，哪有这样关心孩子的爸爸？

爸爸对“我”要求很严格，还力图培养“我”自主学习的能力，可是“我”还不能理解。

今年期中考试的前一个晚上，爸爸在灯下改试卷。我走到爸爸桌前说：“爸爸，我们要考语文了。”爸爸“嗯”了一声，我忙央求：“爸爸，您帮我复习吧。”爸爸停下笔笑着说：“我不晓得你哪里差，怎么给你讲呀。”“那您就给我提示考试重点吧。”我抱着爸爸胳膊说。爸爸听了眉头紧锁：“不行，真没出息！”我一听，很不高兴：“您帮班上的同学复习到那么晚才回家，为什么就不帮我复习？我只是想请您提示一下考试重点，有什么了不起！”爸爸火冒三丈，站起身来：“那只能害你！”“害我？我考好了您也光彩！”爸爸瞪了我一眼，语重心长地说：“考题是我出的，重点我全知道，可告诉你就是害了你，靠投机取巧，即使考了满分也不光荣。学习要靠自己勤奋努力，独立思考……”听着听着，我觉得脸上火烧火燎的，羞愧得不

这里的人物对话写得很精彩，突出了人物的特点：爸爸严格；我想学习、上进，同时又有点虚荣。

敢抬头。

从那以后，我就暗下决心，一切靠自己努力，遇到问题多动脑勤思考。说来也怪，我现在的成绩比以前好多了。

现在，我懂得了：父母都对我关心，只是方式不同而已。在我成长的过程中，妈妈的慈爱是必要的，但更离不开爸爸的严格要求。

终于体会到了父亲的关心，深化主题。

名师点评

文章开头铺设悬念，似乎爸爸对我不怎么关心。接着略写复习功课和问爸爸字的事例，详写请爸爸帮忙复习的事例，揭示：真正的关心，慈爱是必要的，但更离不开严格的要求。文章的中心很突出，主题很明确。

修改百宝箱

修改指南

修改作文的基本方式

修改作文的基本方式无外乎换增删调几种。

1. 换，是换掉作文中的错别字，不恰当的词，以及病句和不正确的标点，取而代之的是正确的字词句和标点。

2. 增，就是充实作文内容。这主要针对有些作文重点不突出，该详写的未详写，不具体，空话多。这时，应该对重点段落详写，写具体。对反映主题不深刻的方面应添加事例予以充实。

3. 删，就是删掉多余的字词句或者事例。有些作文尽管写的很长，事例也很多，但对主题无关紧要，就应删掉，从而使文章变得结构严谨，中心突出，语言简洁。

4. 调，就是调整作文中某些语句和段落或者事例，把文章写得有条理。有时哪怕是调整几个词语的顺序，但整个作文的表达效果或许大不一样。

病文评改

胜似亲人

在一个贵州省的深山里，有一个苗寨。苗寨的吊脚楼依山而建。苗寨里还住着汉族、土家族等几个民族的人。人们

“一个”和“贵州省的”要调换位置。要把“和气”改成

生活得非常宁静、和气和幸福。

"和睦"。

寨子东头住着一户汉族人家。这家有一个小姑娘叫梨花,今年11岁。梨花活泼开朗,很会唱歌,学习成绩优秀,在读小学一年级时就加入了少先队员。

应该把"员"去掉。

梨花的父母很年轻,他们前年随寨里的人到广州去打工,不幸的是去年回家时遇上车祸,都惨死在异乡,小梨花一下子成了孤儿。

正在梨花万分悲痛的时候,住在寨子西头的苗族老奶奶毛奶奶来到梨花的家,对梨花说,"孩子,不要怕,有奶奶在,到我家去住吧。"

把"说"后的逗号改成冒号。

毛奶奶把小梨花接到自己家中,和她住在一起,平时给梨花洗衣服,做饭给她吃,还经常安慰她,小梨花非常感动老奶奶。

把"感动"改成"感谢"或"感激"。

这天,老奶奶给梨花洗好衣服,正在晾衣服时,梨花又想起了爸爸、妈妈,流下伤心的眼泪。

毛奶奶赶紧拉起梨花的手,把她搂在怀里,轻轻地揩去她的眼泪,问道:"梨花,哭什么?"

梨花边哭边说:"我想爸爸妈妈。"毛奶奶安慰道:"孩子,爸爸妈妈已经走了,你要坚强些,好好学习,这样,爸爸妈妈在天之灵才会高兴。"

说着,毛奶奶把梨花搂得更紧了。梨花低下头,不好意思起来,心想:现在,毛奶奶就是我最亲的人了,我一定要好好学习,将来好报效毛奶奶。

应该把"报效"改成"报答"。

修改提示

本文将画面内容介绍得十分清楚,但在写作中存在以下问题:

①用词不当,如"和气""感动""报效"等等;

②语序有误,如"一个贵州省";

③文章叙事平实,缺乏真情实感,很难打动读者;

④缺乏一定的环境描写,应适当补充,使文章更生动感人。

星级评定园

本次习作是选做作文,你是选择了写看图作文还是选择写生活中的真实故事呢?无论写哪篇,你是否完美的完成了自己的习作,或者将看图故事编好,或者真实展示了生活中的小故事?下面就按照以下标准来评定你的习作吧!看看能拿几颗星。

1. 看图作文须符合图画表现主题,内容完整充实;真实的故事也应主题明确,内容具体。(☆)

2. 语句通顺,全文连贯。(☆☆)

3. 结构合理,行文流畅。(☆☆☆)

4. 人物形象丰满,表达的感情真挚,感受深刻。(☆☆☆☆)

5. 语言优美,运用了好词佳句。(☆☆☆☆☆)

拓展空间站

拓展习作

题目:《老师向我“借”钱》

思路点拨:同学们一看题目就会想老师怎么会向“我”借钱呢?这就是这篇习作目的所在了,你要写出老师向你借钱的原因,这原因还得合情合理。这就要考验同学们的想象力和思维能力啦!拿起笔,写下老师向你“借”钱的故事吧!

例文选萃:

老师向我借钱

一开学,老师问我过年得了多少压岁钱,说这话时还显出一副神神秘秘的样子。我满不在乎地说:“50 元。”于是,老师伸出右手,说:“老师有急事,你把压岁钱都借给我,明天再来找我要钱。为表诚意,咱们可以打张借条。”

听了老师的话,我犹如丈二和尚摸不着头脑。没法子,虽然整个脑子有无数个不明白,但也只好按照老师的话去做了。

我拿来纸和笔,小心翼翼地铺好纸,敏捷地拿起笔,三下两下写了一张借条,心里还默默想着:这回,我可在老师面前露一手啦!借条上写道:×年×月×日,老师向我借了 50 元钱。最后,我还一本正经地签上了自己的名字,按上了手印。

第二天，我好奇地拿着借条来找老师要钱。老师面不改色地说："借条拿来给我看看。"我立刻递上借条。老师看了看，然后摆出很有经验的架势，头头是道地说，"第一，借条没有写还款日期，我可以今天还，也可以10年以后还你。第二，姓名也没写清，你光写了老师。可以是数学老师、自然老师、思品老师……谁知道是哪位老师欠你的钱？第三，借条应该是借款人写才对，这借条上没我的签名，你说，这钱我能还你吗？"说完，老师得意地笑了。

看着老师那神态，我恍然大悟：原来，老师是在教我怎样写应用文呀！一张小小的借条，还有这么多学问。

这件事虽然已经过去三年了，但我还会不时想起。它告诉我：生活中看似简单的事，真正做好并不容易。

名师点评

一件小事已经过去三年，为何"我"至今记忆犹新？原来是老师通过向"我"借钱，教"我"如何写应用文。这种新颖独到的教学方式令人耳目一新，怎能不让小作者感慨万千？"来自生活、发诸真情"，只有亲身经历了，才能写出生动有趣的好文章，也才能确实悟出许多生活的道理。

话题作文

题目：关爱

"关爱"是我们日常生活中不可或缺的话题。社会是一个大家庭，每个人都是这个大家庭中的一员。人与人交往，就是要互相关怀，互相帮助。正如歌中所唱的"只要人人都献出一点爱，世界将变成美好的人间。"你关心我，我关心你，大家互相关心，那么人与人之间将变得更加融洽和谐，家庭也将会变得更加幸福美满。请以"关爱"为话题，自拟题目写一篇作文。

思路点拨：该话题是比较宽泛的话题，可选择的材料也很多，但大体上我们可以从两个角度去写：一是从正面，既可以写生活中轰轰烈烈的大关爱，也可以写平平常常的人间小关爱；另一方面可以从反面来写，以生活中人情的冷漠、不公正来呼吁人与人之间的真情与关爱，提出自己对关爱的看法、理解。无论你选择哪种角度，一定要扣住"关爱"这一话题，写出新意来。

例文选萃：

我期盼着……

我家去年从低矮的平房搬进了高楼大厦。望着崭新的家具，乳白色的墙壁,还有我那充满童趣的小天地,我高兴极了。

可慢慢的,我感到非常寂寞,没有邻居的串门,也没有小伙伴的玩耍,大家都紧关着大门。

星期天,轮到当居委会委员的奶奶来收“有线电视费”,我想这回可以和邻居见面了,也可以认识几个小伙伴了,我美滋滋地想着。到了下午,我像个小跟屁虫似的跟着奶奶到各家去收有线电视费。

我轻轻地按响了一家的门铃,“谁呀?”“收电视收视费的。”“多少钱?”“60元。”奶奶说道。我想:这家的主人怎么这样,连门都不开!正想着,一道光亮射出来,门开了一道缝儿,从门里伸出一只手,递出60元钱来。我使劲儿往里面望,想看看主人长得什么样儿,可门缝太小,没有看清。奶奶接过钱说:“没错,正好60元。”话音刚落,门就“砰”的一声关上了。

我和奶奶向第二家走去。“当当当!”“谁呀?”“收电视收视费的。”大门没锁,里面第二道门也开了!我想,这回可有机会进屋“观摩观摩”了。我迫不及待地探着头,哇,好大的客厅啊!可是被防盗门挡住了。男主人走到防盗门前问道:“多少钱呀?”“60元。”奶奶回答说。随后,男主人冷冰冰地从铁门中把钱递了出来。奶奶本想借着屋子的灯光把钱收好,可门却迅速地关上了。

后面的第三家,第四家……也依旧是冷冰冰的言语,严肃的面孔……

我再也无心和奶奶去收“有线电视收视费”了,也不想认识小伙伴了,自己回到了家。

我站在阳台上,遥望远方曾经住过的小院的方向。那小院,还有那小院的人,曾经给过我多少欢乐和温暖。当我生病时,邻居的爷爷、阿姨都来看望我,问长问短。夏天的夜晚,一群小伙伴都来听爷爷讲故事。冬天,大家穿着厚厚的棉衣,一块儿打雪仗,玩得可开心啦!我想念小院里的小伙伴们,更留恋人和人之间的友谊。

我多么希望新楼的人们都能打开紧闭的心房之门,我真心地期盼着。

名师点评

小作者是个肯思考的孩子,他认识到不是住大楼不好,而是住大楼的人“紧闭着心房之门”太让他失望。所以,他真诚地“期盼着”,期盼着人们能“打开紧闭的心房之门”。这篇文章不仅主题好,语言也很生动,特别是描写大楼里一家家住户的不同做法十分细致,非常有特点。

读写联通屋

借鞋

那是入夏以来最热的一天，街上每个来去匆匆的行人似乎都在寻找阴凉的歇脚地，所以街角的那间冰激凌店成了最受欢迎的地方。

下午三点左右，一个叫珍妮的小女孩手中攥着硬币走进店中，她只想买一份最便宜的甜筒。可是还没来得及走近柜台就被侍者拦住了，侍者示意她看一看门上挂着的告示牌。珍妮的脸一下子红了，她感到店里那些衣冠楚楚的顾客的目光都集中在自己缀着补丁的衣服上。于是她转过身，想赶快走出去。但是她并没有发现，店里有位高个子先生悄悄起身，跟在她的后面走出了店门。

高个子先生看到，珍妮凝视着的那块牌子上写着“赤足免进”。他看见这个贫穷的小姑娘眼睛里噙满泪水。他叫住正要离开的珍妮，她吃惊地看着高个子先生脱下脚上那双12号（相当于中国的46号）大的皮鞋放到她面前。“哦，孩子，”他轻松地说，“我知道你不喜欢它们，它们的确又大又笨。可是，它们却能带你去吃美味的冰激凌。”他弯下腰帮珍妮穿上大皮鞋，“快去买冰激凌吧，好让我的脚凉快凉快。我就坐在这里等你，你走路一定要小心。”

珍妮感激得说不出话来，她红扑扑的笑脸是骄阳下灿烂而甜美的花朵。她穿着那双特大号的皮鞋，摇摇晃晃地一步一步走向冰激凌柜台。店堂里突然安静了下来。

思考题

1. 本文主要采用了哪些描写手法？试各举一例。

2. 故事发生的时间：________________，地点：________________，人物：________________；经过：________________；结果：________________。

3. 当小女孩穿着叔叔的大鞋走向冰激凌柜时，店里为什么安静了下来？此时的侍者会有什么样的表现？

口语交际　我是这样认为的……

交际指导

今天,我们读了王虹小朋友给知心姐姐写的一封信,了解到王虹遇到了一件烦恼的事:王虹因为听了爸爸妈妈的话,没参加同学的生日聚会,她被同学们疏远了,今天,我们能不能帮帮孤独难过的王虹?

1. 对话的时候,可以谈谈王虹的爸爸妈妈做得对不对。

2. 对话的时候,可以帮帮王虹想该怎么向同学们解释。

3. 对话的时候,还可以帮助王虹想怎么向父母说清楚,她被同学们疏远的处境。

4. 对话的时候,还可以安慰安慰王虹,要她以学习为重,不要太苦恼了。

交际例文

小玉:我认为王虹没有错,错的是她的爸爸妈妈,他们不懂得孩子们之间真诚的友谊,不理解孩子的心情,他们不该不让王虹参加同学的生日聚会。这样做,王虹多没面子啊。

小青:我认为王虹听爸爸妈妈的话是对的。我们是小孩子,到别的地方去都要征得爸爸妈妈的同意,再说参加同学的生日聚会也有不好的地方,比如说买礼物要花钱啊,还会带来互相攀比等不好的影响啊……

小松:我认为王虹应该给同学们解释清楚,并不是她不珍惜同学的友谊,不信守诺言,而是她也得尊重爸爸妈妈的意见。

小中:我认为王虹应该把事情的结果告诉爸爸妈妈,让爸爸妈妈帮助她想想办法。

小林:我认为王虹应该以学习为重,不要过于难过,只要有真情在,就一定能赢得友谊。

同步习作　写成长的故事、读后感和回信

题解金钥匙

同学们,我们正在成长着。成长有喜悦也有烦恼,有高兴也有痛苦,有

成功也有失败，还有许许多多的思考和幻想。今天，让我们拿起笔来，写写我们自己或他人的成长故事，把烦恼、痛苦、失败说出来，让我们帮你走出烦恼、痛苦和失败的阴影；把喜悦、高兴、成功谈出来，让我们大家一起来分享分享；把思考和幻想说出来，让我们体会体会思考和幻想的美妙……

名师点津室

习作要求

此次习作有三个内容，同学们可任选一个来写：

1. 写自己或别人的成长故事，要求记叙时清楚而具体。

2. 写读《乌塔》后的感想，这是指定的读后感。

3. 根据习作中提供的给知心姐姐来信的内容写一封回信，要求回信内容必须给出解决王虹同学问题的具体方法，书信格式要符合规范。

发散思维

1. 写成长故事。

成长是每个人生命中永恒的主题，也是每个人成人必须经历的一段漫长的历程，在这段历程中会发生许多弥足珍贵的事情，例如第一次学走路，第一次唱歌，第一次朗诵，第一次给妈妈过生日……；在家里独立洗衣、做饭、叠衣服、收拾房间……；在学校值日，升旗，怎样努力学习自己不擅的科目，帮助有困难的同学……可回忆可写的成长故事真是太多太多了，当然你也可以写你从别人那里听来的关于他人的成长故事。

2. 写读《乌塔》后的感想，可以就整篇文章谈感想，可以就乌塔这个人物谈谈该向她学点什么，也可以就文章的重点句子、段落谈点体会。

3. 给王虹写回信，重点是提供解决问题的方法，一千个人有一千种方法，既可以让王虹和朋友们直接说明原委，也可以采取写信的间接方式，还可以送道歉的卡片，或者让王虹和父母谈心，取得父母的理解，以后有同学聚会时主动参加，打破和同学之间的隔阂。

集中思路

1. 如果写自己或别人成长的故事，要选择一件有意义的事来写，要把前因后果写清楚具体，要把自己或别人经历的这件事的感受写出来。

2. 写读《乌塔》后的感想，同学们可以任选角度，但无论你选取什么样的切入点，你的收获必须是正面的且符合客观事实的。

3. 如果给王虹写回信，要把自己帮助她解决烦恼的办法写清楚，办法要合情合理、恰当得体，还要注意书信的格式。

技巧点拨

1. 写成长的故事时可以采用倒叙或插叙的写作顺序，使读者随着你的回忆共同去体味那成长的种种滋味，运用这种写作顺序时要注意段落之间的过渡，衔接必须十分自然。

2. 写作时可以运用心理描写、语言描写、动作描写等手法，使文章更加生动，读者读来更加亲切。

3. 写给王虹的回信时，应娓娓道来，语气亲切、舒缓，这样更能让正处于困境中的王虹感到安慰。

习作提纲

示例：

从《乌塔》想到的

开头：简述课文内容，文中乌塔为了旅行做了三年准备，并依靠自己打工赚钱来支付旅费。（略写）

中间：由乌塔想到自己，指出自己的缺点：做事毫无计划准备，没有独立性。然后举例说明，如学习靠老师计划，生活依赖父母等等。此处详写，尤其是举例时，注意选取典型事例。

结尾：表明今后向乌塔学习的决心。

素材搜索库

精彩好词

烦恼　花心　鼓励　失望　忏悔　内疚　成长　勇敢　自立　谈心
倾诉　帮助　希望　努力　委婉　直接　无忧无虑　自由自在
真情实意　人小志大　情绪低落　灰心丧气　亲密无间　以诚相待
团结友爱　握手言和　满心欢喜

精彩好句

♠我错怪她了，我感到自己深深伤害了她，我的心怎么能安宁呢？

♠他俩的心隔得那么远，像天上行星之间的距离一样，肉眼看来很近，实际相隔几十甚至几百光年。

精彩段落

♠自习课上，我有一道题不会做，急得抓耳挠腮，东张西望，眼一斜，瞟到同桌学习委员费新安同学的作业本上，正准备“偷袭”，朱老师的目光射了过来，似乎在说：张毅，吃别人嚼过的馒头没味道，要独立思考认真完成……顿时，我的脸火辣辣的，羞得我心里直发烧，朱老师，我懂你的意思，我改。

♠溜着溜着，忽然前面杀出一个“程咬金”，一位愣愣的小弟弟向我冲来。我顿时慌了神，想“刹车”也刹不住了，只听“砰”的一声，整个身子扔到地上，一只手疼得动弹不得，脚上的冰鞋也摔飞了。我两眼冒金星，想爬也爬不起来，好狼狈！好友张孜却站在一旁讥笑我，说我是个大笨蛋。我不服气，挣扎起来，想追上训她一顿。怪了，这不顾一切的一追倒好，我溜得又快又稳了，身子也轻松起来，心中甜蜜起来——我会溜冰啦！

精彩开头

♠这件事说起来真让我有点儿难为情，可是它也让我明白了一个做事的道理，让我说给大家听吧。

♠一天下午，我走进教室，一到座位，就愣住了：我的桌面不知被谁画得黑糊糊的，还写了些乱七八糟的脏话。

♠童年就像万花筒一样丰富多彩；童年就像彩虹一般五彩缤纷；童年就像浪花似的充满活力。每个人的童年都有很多很多美好的回忆，虽然它们随着时间的车轮悄悄地溜走了，但是它们像精灵般永远藏在我心灵里，特别是那次“补衣服”更成了我童年中最值得回忆的趣事。

精彩结尾

♠通过这件事，我明白了，以后做任何事都要先做好充分准备，不要太着急了，以免忙中出错。

♠妈妈的教导让我如释重负。

是啊，大家都是同班同学，抬头不见低头见，何必计较太多，想到这里，我如释重负。

♠这件事虽然已过去了很多年，但现在回想起来，我还是觉得蛮开心的，我不但自己完成了第一次缝补衣服，也更使我明白了做什么事都要坚持到底，持之以恒，那就一定会取得成功。

精彩题目

《小小荒唐》《用宽容找回快乐》《痛苦的拔牙》

《读〈乌塔〉有感》《知心姐姐王虹》

范文点评台

心跳

“怎么办呢，该不该上去呢？”唐明贼似的看看四周，比先前更紧张了，两腿在桌底下直发抖。“去，一定得上去！这是最后一个竞选项目了，为了以后同学们能对我另眼相看，我一定要竞选到这劳动委员……可是……”唐明深深地咽下一口口水，头低得快贴到桌上了，呼吸更急促了。“李华一下来，我就上去……”他这么想。

（开头直接切入情景，挑明人物矛盾心理。）

（交代事情的缘由，自然、恰当。）

李华下来了。

“还有同学上来竞选吗？”老师问道。教室里一片安静。

唐明的心猛地一惊，脸涨得通红，他感觉周身的血在沸腾，整个身体像煮在沸水里一样，使他闷得喘不过气来，他脸上的热气直往外冒，额上的汗水也直往下流。他听得见自己的心跳，那么响，那么急，似乎要从胸膛里跳出来一样。

（用词形象生动，使人如身临其境。）

“一定……一定得上，就……就等下……下一个同学上了再上……”他这么想着，便觉得舒服了些，心里不停地叫道，“下位同学，快上吧！”

“既然再也没人上来，那么劳动委员一职就由李华同学担任！让我们以热烈的掌声……”

雷鸣般的掌声在唐明耳边响起，刹那间，他的身体突然瘫软了，那颗快跳出来的心“砰”的一声重重地落了下去，似乎掉进了万丈深渊。

（极度的失落，极度的沮丧，真切之至！）

……

晚上，唐明躺在床上翻来覆去：“去年国庆节联欢会上，我一直想唱那支练得滚瓜烂熟的歌，也是在我考虑什么时候唱时联欢会就结束了。为什么别人总不给我表现的机会？为什么我总是那么倒霉？”外面突然射进一束亮光，他恍然大悟地说：“嗯，我不会一直这么不走运的，听说校广播台又要招小记者了！下次，下次一定要把握机会！”说罢，他心安理得地睡了。

（通过唐明晚上辗转反侧之时地回顾，以更多事实来反映主人翁因胆怯而错失了诸多良机。

此处“下次，下次”“心安理得地睡了”极具讽刺意味。）

名师点评

本文着眼于面临竞选机遇的一位少年，以其因胆怯而坐失良机的经历启示我们：机遇就在眼前，只有积极争取，才能把握机遇。

文章之妙，特别表现在对人物心理活动的刻画上。主人公唐明的神态、动作和内心独白描写真实、细致，具有很强的感人力量。

从《乌塔》想到的

《乌塔》这篇课文主要写十四岁的乌塔自己挣到路费后，独自一人去全欧洲旅游的事，表现了乌塔的勇敢、聪明和能干。

（简洁概括原文内容。）

学习了《乌塔》这篇课文后，我深受感动。拿自己和乌塔比，我非常惭愧。我想都没想过一个人去旅游。我都十二岁了，可是，除了上学外，我从没有一个人出过远门。一个人走路时，我总害怕，也不知道怎么乘车。因此，我一个人不敢到姥姥家去，不敢到奶奶家去。

（联想自己的经历谈感想，很实际。）

这学期开学那天，爸爸妈妈要我自己带学费去报名，我不答应，要爸爸或妈妈陪我去，而爸爸妈妈都有事，我就说："我把钱弄丢了怎么办?"这样一说，妈妈只好陪我去。

乌塔会跟我一样做吗？绝对不会。因此，读了《乌塔》这篇文章后，我深受感动，我应该向乌塔学习。以后我要把自己的胆子锻炼得大一些，自己能做的事自己做，遇到了困难和危险找老师，找父母或打110等。这么一说，还有什么可怕的呢？今后，我一定要像乌塔一样勇敢、聪明、能干。

（巧妙地过渡，承上启下。）

（写出了自己的切身感受，表明决心。）

名师点评

本篇读后感，拿自己和乌塔对比，指出了自己的缺点和应该向乌塔学习什么，中心突出，思路清晰，引人深思。

从《乌塔》想到的

《乌塔》这篇课文写乌塔独自一个人在全欧洲旅游的故事。读完后，我想乌塔的父母放心乌塔一个人去旅游吗？他

（写乌塔父母爱孩子的方式。）

们难道不爱乌塔吗？既然爱，为什么不陪乌塔旅游呢？

从课文中我看到，乌塔的父母还是非常爱乌塔的，只不过跟中国的父母爱孩子的方式不一样。乌塔父母放手让乌塔一个人去旅游，这样做，也许有些困难和危险，但她的父母相信乌塔会凭借自己的聪明，勇敢地去解决困难，排除危险的。父母这样做，对乌塔的成长只有帮助，没有害处，这样才是对子女真正的爱。

再看看中国的父母，他们也非常爱孩子，什么事也不让孩子做，生怕孩子磕着、碰着，让孩子们过着衣来伸手，饭来张口的“小皇帝”“小公主”的生活，绝对不会让一个孩子出远门去旅游。这样做，是对孩子的过分溺爱，会使孩子像温室里的小苗一样弱小，孩子不经历风雨，就得不到锻炼，就不能茁壮成长，走向社会后，自理能力、自立能力差，适应社会的能力就差。

联系实际，拿中国的父母与乌塔的父母进行了对比，说明中国父母对孩子过于溺爱。

因此，读完了这一课后，我希望中国的父母们不要为孩子们包办代替一切，应让孩子们自己去走自己的路，即使跌倒了，也要让他们自己爬起来。

真诚希望。

名师点评

本篇读后感，运用对比，说明了乌塔的父母和中国的父母对孩子爱的方式的不同，指出了中国父母应该改正的地方。全文对比鲜明，有力地突出了中心，联系实际，令人警醒。

知心姐姐给王虹同学的回信

王虹同学：

你好！我是知心姐姐，谢谢你愿意将你的心事告诉我。我希望你不要难过。我有几个建议，你可以试试看。

首先，我认为你应该诚心地向那位同学道歉，向她解释自己失约的原因，恳请同学理解你，原谅你。这样同学们对你的责怪就会少一些，或许他们会原谅你，同意跟你交往呢？

条理分明，提出第一点，诚心道歉很关键。

其次，你要乐于助人，为别人着想。比如在同学有困难时伸出援助之手，帮助学习不好的同学搞学习，多站在对方的立场考虑，不斤斤计较等等。总之，你要真诚对待别人，多帮助

乐于助人，多为别人着想。

诚心待人，

别人。同学们就会觉得你是善良的，他们就会接受你，乐意与你交往了。

定会赢得友谊。

再次，你应该保持微笑和守信。保持微笑不仅会让你自己心情舒畅，而且同学们会觉得你很友好，是个阳光女孩，他们就会愿意与你交往。守信也很重要。同学交往难免有约定。在答应之前，你应该考虑是否应该答应，父母是否会同意等问题，当你认为你应该答应时，你才能答应，千万不要轻率。

不要轻率承诺，承诺了就要做到。

王虹，加油吧！知心姐姐相信你一定可以取得同学的信任的。记住！真诚、善良、友好的人，每个人都愿意交往的。

再次强调真诚、善良、友好的重要性。

祝

天天开心！

知心姐姐

4月20日

名师点评

在这封信中，小作者首先劝王虹不要难过，并向她提出了几点合情合理的建议，希望王虹真诚向同学们道歉，并通过自己的努力重新赢得同学的信任和友谊。这封信写得真诚、朴实、自然，很容易让人接受。

知心姐姐给王虹同学的回信

王虹：

你好！

你不必苦恼。在生活和学习中，我们总会有这样或那样的不如意，关键看你是否有勇气去面对。

要有勇气面对生活中的烦恼。

首先，知心姐姐觉得你应该对自己有信心，相信自己一定能赢得同学的理解，一定会与同学重新和好。同学们之所以会疏远你，是因为她们认为你没有信守承诺，答应同学的事没有做到，为你在同学生日聚会上的失约而生气。所以，你可以找一个适当的时候，跟同学们谈谈。真诚的向她们说声抱歉，讲明自己失约的原因，让同学们理解你。这是很重要的。在学习和生活中，当同学们遇到困难时，你要尽力帮助她们。比

真诚道歉，解释失约原因，以求得原谅。

这些方法合情合理，而

如:同学心情不好时,你的一句安慰的话语;考试失败时,你的一个鼓励的眼神……事情虽小,但时间长了,同学们就会渐渐感受到你的真诚,愿意接近你了。

且可行,很容易做到。

这样,在以后遇到这类事情时,你可以先告诉父母,听听他们的意见。当父母因不理解你的正确做法而反对时,你可以尽力用恰当的语言和方式与父母沟通,以征得他们的同意。

学会与父母沟通。

所以,你不必再为这件事而烦恼,把它当作自己成长道路上的一次磨练,当作一阵太阳雨,保持一份快乐的心情,这样岂不是很好?我相信,通过努力,你一定会再次和同学之间架起一座友谊的桥梁,用心消除你与同学间的距离。最后,知心姐姐祝你和同学间的友谊像醇酒一样越酿越浓!

美好祝愿。

祝

学习进步!

知心姐姐

9月21日

名师点评

小作者信中告诉王虹解决问题的办法,这些办法应该说不难做到,也一定能帮王虹赢得同学的信任和友谊。小作者娓娓道来,感情真挚,相信王虹看后,一定会从孤独、难过中走出来,开开心心地与同学交往,重建与同学之间的友谊桥梁。

修改百宝箱

修改指南

作文修改三步曲

常言道:"文章不厌百回改。"好文章是改出来的。

说到作文修改,同学们往往只会想到写后的修改,其实它应该贯穿于作文的全过程。

1. 写前修改:同学们在动笔写作文之前,总要围绕题目要求,考虑写什么,怎么写,如确定怎样的中心,选择哪些材料来表达这个中心,文章结构怎么安排等等,给要写的作文画个蓝图,这样才能写出好作文。

2. 写中修改:这是在下笔完稿过程中的边写边改,也就是说,在写中如发觉写出来的内容里有什么毛病,或是意识到原来的构思有不足的地方,要及时加以修改和调整。

3. 写后修改：作文初稿写出来后，同学们要一行一行地细心阅读，看看有没有用错的标点，有没有写错别字，有没有使用不当的词语，有没有不通顺的句子，还要想想思想内容是否健康，内容是否具体，是不是有中心，有条理，并动笔全方位地加以修改。

总之，要想写出精美的作文，同学们一定要唱好上面所述的三部曲。

病文评改

我不愿做“小皇帝”

自从我国实现计划生育政策以来，所有的家庭都只有一个孩子。我也不例外。爸妈只有我一个“宝贝”。当然，我也就什么都不会做。可我不愿意做这种“小皇帝”。

一个星期天，我趁爸妈还没睡醒，找出昨天用过的脏手帕，带上洗衣粉和盆子来到水龙头边。我先把手帕放入盆里，然后取洗衣粉，到底放多少呢？多放一些吧，这样肯定容易洗干净。接着我就往盆里放水。好奇妙呀！盆里顿时起了无数的小泡泡，在阳光的照耀下，还发出五颜六色的光彩。我不禁欢呼起来，没想到把妈妈惊醒了。“你今天怎么啦，我的小宝贝？”妈妈有些惊讶。“洗手帕！”我边头也不抬地回答边用力搓着手帕，带着小泡泡的水溅了我一身。妈妈着急地说：“你怎么干得了这种事情哟！快，快让我来。”我从荷包里掏出学校发的通知，这一招可真灵，使妈妈作出了让步，说教我洗。最后，我按照妈妈教的，先搓洗一遍，然后在清水里清洗两遍，手帕便洗好了。

望着我自己的劳动成果，我心里别提有多高兴了，我在也不用做“小皇帝”啦！

“实现”用词不当，应改为“实行”。“所有”太绝对，应改成“一般”。

“光彩”应改为“光芒”。

没有写明“通知”的内容。前文也没有交待，出现的十分突兀。

“使”应去掉。

“在”应改成“再”。

修改提示

这篇习作充满了童真童趣，但全文存在较多问题，需做修改：

①一些词句用得不够贴切，如“实现”“光彩”等；②存在错字情况，如“在”与“再”；③文章第一段中对爸妈对“我”的宝贝程度并未说明，可适当补充；④文章第二段提到“学校发的通知”，文章并未说明，应将“通知”内容交待清楚。

星级评定园

经过此次的习作之旅，相信同学们都大有收获吧。你也许写了成长的故事，也许写了读《乌塔》的读后感，也许写了给王虹同学的回信，那么现在就来对你的习作自我测评一番，看你完成的成果如何吧！

1. 内容具体，中心突出，所写习作符合习作要求。(☆)

2. 结构严谨，层次分明。(☆☆)

3. 语句通顺。(☆☆☆)

4. 成长的故事能体现出成长中的细腻感受；读后感要有感而发，积极向上；回信提出的建议合理、可行。(☆☆☆☆)

5. 运用了多种描写方法和修辞手法，语言优美、有特色。(☆☆☆☆☆)

拓展空间站

拓展习作

题目：《我终于学会了》

思路点拨：1. 可以先写家人对我的宠爱，什么事都不让我做；2. 然后写"我"自己内心深处渴望能为家人做点事情，也献出自己的一份力；3. 一次趁家人不在"我"给家人做了家务；4. 家人回来后看到我的劳动成果十分欣慰，"我"也油然而生一种自豪之情。

例文选萃：

我终于学会了

我是家里最小的孩子。由于我小时候体弱多病，爸爸妈妈什么家务都不让我干，只让我好好读书。特别是我的外祖母，一天到晚总是看着我，生怕我出什么岔子。我可以算得上是"娇娇女"了吧！就这样，我像母鸡羽翼下的雏鸡，无忧无虑地生活着。

一天下午放学回家，我发现外祖母恰好不在，大概是上街买东西去了。我高兴极了，心想：这下，我可以帮助爸爸妈妈做点事情了。我端来一大盆水，开始洗我自己的衣服。我回想起妈妈平时洗衣服的样子，就拿着一块肥皂使劲搓呀搓……那些小肥皂泡像在跳着迷人的舞蹈，一会儿聚拢，一会儿又分离破灭，又像在唱赞歌，称赞我做得对。一件衣服终于洗完了，我的腰也酸了。原来洗一件衣服这么累人呀！可是，我还是很高兴，因为我终于学会了一种新本领。

傍晚，外祖母回来了。她望着晾在阳台上的衣服，仿佛不相信似的，她走过去，一会儿翻开衣领看一看，一会儿又看看袖口，这时她满意地笑了，脸上的皱纹好像一下子舒展了许多。过了一会儿，爸爸妈妈也下班回来了，他们看到我洗的衣服，都宽慰地笑了，我也笑了。我望着晾衣服的铁丝，它仿佛一下子变得矮了许多，是我长大了，是我在自己独立生活的大道上，又向前跨了一步。

名师点评

小作者用了侧面描写的方法，通过外祖母翻衣领，看袖口，这正是洗衣要着重洗的地方，而后以满意的笑作了满意的评价，这些地方写得细腻。在家人的微笑中顿觉自己“长大了”，“在自己独立生活的大道上，又向前跨了一步。”到此戛然而止，显得特别利索。

话题作文

题目：体验成长的滋味，成长是什么？是思想变得深邃而心却越来越冷漠？是学识渐渐渊博而精神却越来越麻木？是思维越来越敏捷而行动越来越迟缓？我想答案不必说了吧。

成长不是迎合时俗，不是把自己封闭在多彩的世界之外，更不是因为一次次的失败而放弃理想！成长的过程必然伴随着这样或那样的痛苦，但是却绝不止于痛苦。每一个第一次，每一点对生活的感悟，每一点对父母、师长的理解，都是我们成长的痕迹。请以“体验成长的滋味”为话题写一篇作文，题目自拟，文体不限。

思路点拨：写作此类话题，应把握住成长中有意义的事件或经历。这些事件或经历如同成长时留在沙滩上的比较清晰的印记，能代表我们成长的历程。不一定是什么重大的事件，可能就是一些生活中的细节，比如第一次向爸爸妈妈道一声谢谢。然而正是这些看似琐碎的事，标志着我们的思想更成熟了，视野更开阔了，对人的理解更深入……

例文选萃：

成长不烦恼

“哎！这寒假怎么过呀？”无聊的我托着下巴望着窗外，自言自语。“对了！也来赶回时髦——做编辑，‘自费出版’一本新书吧！”

说干就干，我连忙从抽屉里找来一叠白纸开始了“编辑”工作。

首先是做一个精美的封面，给这本书起一个什么名字呢？对了，就叫《成长不烦恼》吧！希望我的童年都是在快乐中度过，希望我的成长过程中永远没有烦恼。于是我用水彩笔在封面上端端正正地写上“成长不烦恼”五个美术字。哟,我的美术字写得还挺“good”呢!可再看看,总觉得还缺点什么,我又在书名下面接着写:“总编:孙鸥”,“美编:孙鸥”,“策划:孙鸥创作室”。这下好多了!

封面做好了,第二页该是“作者简介”了。我从影集中找出一张最得意的照片,工整地贴在了纸上,还在下面写上了自我介绍:“姓名:孙鸥;性别:和妈妈一样;理想:成为中国的居里夫人;愿望:成长不烦恼。”最后我又给“自我介绍”添上了花边。怎样?够水平吧!

接下来,该完成这本“书”最重要的部分了。该编辑一些什么内容呢?这可把我难住了。哦,对了!我把这一学期所有的酸甜苦辣都编进去吧。

要说酸,那肯定是期中考试,由于我的粗心而“败走麦城”的那件事啦。我找出那张试卷,将它贴在第三页,并在旁边写了警句——“聪明的人绝不在同一地方跌倒两次。”

说到甜,我一下子又乐了。告诉你,我上学期在报刊上发表了5篇作文,还在学校演讲比赛中荣获一等奖呢!于是,我翻箱倒柜,把奖状和证书全找了出来,然后小心翼翼地一一粘好。

苦?辣?是呀,为了不辜负爸爸、妈妈的期望,我每天除了完成老师布置的作业,还要在他们的监督下“加班加点”,尝了多少苦,吃了多少辣呀!对,我一定要在这“书”中,把我的苦和辣倾诉出来。我立刻拿起笔“刷刷”地写了起来……

晚上,我做了一个奇怪的梦,梦到我的“书”真的出版了,爸爸、妈妈看了,也取消了我的“额外任务”,我高兴地直呼“成长不烦恼”!

名师点评

这篇作文十分有新意,小作者通过做编辑编辑“书籍”描述了她一学期里的酸甜苦辣,我们也随着小作者过了一把“编辑”瘾。先做封面,再写“作者简介”,再写正文……叙述清楚,有条不紊。以梦结尾,点明题旨“成长不烦恼”,尽管成长的过程中有苦有辣也有甜,但五味杂陈才是生活的滋味啊,让我们也把这一切写下来,“自费出版”一本新书吧!

读写联通屋

我不再胆小了

夏夜,我跟奶奶在院子里乘凉,忽听树叶“哗啦”一声,我循着声音望去,只见墙上好像有影子晃动,我靠近奶奶问:“这是什么声音?”奶奶摸着我的头,咿咿呀呀地讲起了关于鬼的故事:

从前，有一个被地主逼死的姑娘，每到雨天，她就出来喊冤……

奶奶刚讲到这儿，正巧天空乌云翻滚，要打雷下雨了。奶奶赶紧把我拉进屋。我隔着窗玻璃向外望去，墙上的影子还在晃动着，我耳边仿佛听见"沙沙"的脚步声。

从此，我就变成了一个胆小的人。时间长了，爸爸发现了我这个毛病。

又是一个雨夜，爸爸对我说："丽丽，你敢不敢去给爸爸买酒？""敢！"我硬着头皮接过钱，拿起雨伞走出了家门。

雨下得更大了，风也刮得更猛了。我害怕地撒腿向商店跑去，我开始后悔了，为什么当初要说大话。

买了酒，我匆匆向家里走去。终于到了家，一看爸爸正笑呵呵地站在门口等着我呢。"遇见鬼了吗？""遇见了，吓死我了。"我边说边跑进家门。"鬼长得什么样？它为什么没有抓你？"

"这……也许她不愿意吧。"

"哈哈，世界上哪有鬼呀，我看分明是你心里有一个胆小鬼。"

"我才不信呢。"

"那咱们就去看看吧。"

"我不去，我怕。"

"嗨，有爸爸在，你怕什么呀！"

爸爸领我站在窗前，我又看见了影子，吓得直往后退。爸爸拉住我，给我指点着，只见树枝一晃，影子一动。噢，原来是风吹树影的晃动，我羞愧得低下了头。这时我才明白，世界上是没有鬼的。

从这件事以后，我的胆子大了，再也不盲目地害怕了。

思考题

1. 本文塑造了一个怎样的儿童形象？

2. 本文的景物描写起什么作用？

3. 作者主要采用了__________描写和__________描写的手法来刻画人物形象。

口语交际　讲讲我的奇思妙想

交际指导

有一位同学想:未来的衣服非常神奇,无论穿多长时间,不会脏,因此不用洗;同一件衣服,冬天穿着特别暖和,夏天穿着特别凉爽;而且这衣服会随着季节和场合的不同而变换颜色和款式。同学们,你有这样的奇思妙想吗?如果有,就请谈谈吧。

1.要在现实的基础上大胆的想象,幻想的应该是人类还没有变成现实的。

2.幻想的范围应该尽量广一些,可以说说未来的衣食住行,也可以谈谈未来的深海太空,还可以说说未来的微生物世界。

3.幻想的内容应该尽量具体丰富一些,可以谈样子、颜色,也可以谈质地、功用。

4.在同学讲的时候,我们可以边认真听,边补充或提出问题,还可以讨论。

交际例文

小林:未来种稻谷不用每年都播种、栽秧,而是像苹果树一样,栽在山坡上,今年这棵稻谷树结了稻谷,明年、后年照样能结稻谷,而且结的稻谷有苹果那么大。

小青:未来我要造这么一幢房子,它就悬在空中,人们住在里面就像住在《西游记》里玉皇大帝住的宫殿里一样,在云雾缭绕的云霄里,人就像神仙一样。

小欢:未来,我要把房子建在深海里,我们住在里面就像住在水族馆里一样,能观赏到深海里各种各样的鱼、贝壳、珊瑚……

小玉:未来,我要建造一个特大的垃圾处理器,它能准确地把垃圾分类,而且使有害的变为无害,把有些垃圾变废为宝,循环使用。

同步习作　写一篇想象作文

题解金钥匙

童年是最喜欢想象，最容易产生幻想的年龄。白天托腮，好多奇思妙想就会呼之欲出；晚上做梦，好多奇思妙想就会踏梦而来。人类正是有了嫦娥奔月、精卫填海、愚公移山这样的奇思妙想，才会有宇宙飞船上天，才会有高楼大厦从大海上拔地而起，才会有高峡出平湖、天堑变通途。不要说你的奇思妙想只是异想天开、毫无益处，说不定有那么一天，你的奇思妙想就会给科学家以启示，就会变成现实。来，我们现在就拿起笔，写写我们的奇思妙想吧。让我们的成长伴随着奇思妙想，让我们的奇思妙想开花、结果。

名师点津室

习作要求

本次习作是一篇想象作文，想象的内容既可以是自己的奇思妙想，也可以是受别人的启发产生的灵感，还可以自编科幻故事，任同学们自由发挥，畅翔于想象的无边天空之中。但要求想象必须合理，且内容具体，语句通顺。

发散思维

同学们，这次写想象作文是不是你们期盼已久的事情呢？相信你们的小脑瓜中一定有天边最美丽的云霞，那云霞是由你们充满天真和童趣的幻想织成的人世间最美丽的锦缎，那么拿起你们的画笔，来绘成这一幅幅华美的彩画吧。你写作时想象的对象不拘，可以是动物、植物、人物，甚至是机器人；也不要拘泥于时间和空间，时空对你来说没有界限，你可以在过去、现在和未来之间穿越，你可以在地球、月球、火星、银河、宇宙之际穿梭；你可以绿化沙漠，你可以架起台湾海峡和大陆之间的桥梁，你可以和全世界的儿童成为正义的卫士；风、雨、雷、电可以说话；桌椅板凳有了生命……这世界是属于你们的，尽情抒写你的想象吧！

集中思路

想象的主要依据是现实、知识、人类的感情，无论你写什么样的想象作文都脱离不了这些，你的想象作文应以美好的愿望为出发点，以给人类、万事万物、自然、地球带来更多益处为目的，字里行间充斥着你的热情和真诚的爱。不可凭空乱造、偏离现实，内容积极健康。

技巧点拨

1. 通过查阅资料，首先要了解一下现代科学技术发展的现状，在此基础上做到有根据地想象、合理地想象，你所想象的应该是目前还没有的。

2. 写想象作文要根据自己的写作意图和立意来安排材料的先后位置，处理材料的详略，使文章言之有序。例如写科幻小说要讲究情节，科学童话则应注重塑造拟人化形象。

3. 应把想象的科技产品的形状、构造、特点、用途等写出来，写得越具体越好。

4. 写科幻故事应该像写现实故事一样，要把前因后果写清楚。

习作提纲

示例：

未来的衣服

开头：总写未来衣服的特点。（略写）

中间：对未来衣服的功能一一做具体介绍，如它防辐射，防雨，耐火，有自动烘干功能，能针对性治疗各种疾病，随季节变色，随气候变化调整温度等等，此处详写。

结尾：赞扬未来衣服的先进科学性及它为人类的贡献。（略写）

素材搜索库

精彩好词

克隆　嫁接　纳米　网络　平台　环保　设计　构造　功能　外型

舒适　电脑　芯片　高科技　无污染　因特网　太阳能　日新月异

异想天开　奇思妙想　得心应手　时空隧道　激光探测　遨游太空

精彩好句

♠张老师近几年一直坚持服用“青春素”。这种“青春素”能阻止人衰老，促进新陈代谢，使人延长寿命呢！

♠最让我惊讶的是音乐教室的黑板能唱歌，你在五线谱上一点，它就会发出相应的声音。

♠圆是我哥哥的眼镜，我哥哥只要戴上他那眼镜，就像是一个很有学问的博士。

♠圆是我家的镜子，只要我们看到它，就可以把服装整理好：每天打扮、整理仪容都少不了它。

♠圆是我们经常用的盘子，要是没有盘子，我们吃饭装菜就会很麻烦。

精彩段落

♠行人桥是位于我所设计的桥的最顶层，不必担心上下辛苦，因为上下楼梯都改成了太阳能电梯，这又别有了一番风味。行人桥的栏杆，是一种特殊的材料制成，在白天吸收了光能后，晚上释放出太阳七色的光芒，更是美丽。

♠未来的钥匙还可以让你每天有个好心情。当你不开心的时候，你只要按一下钥匙“开”的按钮，它便会出现一些开心的小笑话，如果不满意再按一下“开”按钮，就会出现脑筋急转弯。如果还不满意，再按一下“开”按钮，就会出现小人陪你聊天。等你开心了，你再按一下“关”，钥匙就会变成原来的样子。

精彩开头

♠从前，有一个蝴蝶谷，里面住着许多美丽的蝴蝶。它们相亲相爱，幸福地生活着。

一次，蝴蝶们决定举行一次选美比赛，每只蝴蝶都出去打扮自己。十天后，谁最美，谁就当蝴蝶王。

♠今年中秋节真是寂静，不知道在月球上的嫦娥是否孤单，还是也和我一样，得看这么多字的书呢！想着想着，一阵刺眼的光芒把我包围住了，我赶紧闭上眼睛，只听有人喊：“快起来，太阳神号就要起飞啦！”

♠一天，黑猫咪咪推着小车，从市场上买回来一篮苹果和一篮香蕉。来到家门口，咪咪先把一篮苹果搬进屋里。这时，一只小鸟飞到它的窗前，叫着：“咪咪，快去搬香蕉！”

精彩结尾

♠“汪！汪！”我睁开眼，只见我家的狗福仔正用尾巴撩拨我，原来刚才我是在梦中啊！但愿有一天我能真正的飞向太空，登上月球。

♠在医院里，胖小猪共洁牙两次，先后拔了三颗牙，补上了六颗牙，总算把牙病治好了。

从此，胖小猪合理饮食，注意运动，成了一个健康的小猪。

♠我真希望能有这样一间房屋。所以，我一定努力学习，掌握丰富的科学知识，长大去建造一座现代化的折叠式房屋。

精彩题目

《火星旅行》《孩子星球》《漫游23世纪》

《小山羊是怎样找到家的》《偶遇叶绿人》

范文点评台

未来的鞋

一天晚上，我做了一个梦，梦见自己设计了各种奇妙的鞋，给人们带来了很多方便。

（开篇点题，由入梦引出下文种种奇思。）

演员们穿上了我设计的音乐鞋，只见她们一踩，鞋就发出美妙的乐曲声。你看她们在舞台上唱呀、跳呀，歌声是那么悦耳，舞姿是那么优美，台下的观众为他们喝彩，喝彩之余又疑惑了，咦！音乐伴奏是哪里来的？没看见乐队，没放乐曲，啊！原来是小演员们的音乐鞋在为她们伴奏，真是有趣极了。

（设问句引出对音乐鞋奇妙之处的介绍。）

观光旅游的人们穿上了我设计的变速鞋，这种鞋上有个小型遥控器，可以控制行速的快慢和转换方向。在风景优美的地方，按一下慢速键，就可以在这里尽情游览；再按一下快速键，一眨眼的工夫，就到了另一个景点。穿上它旅游观光，既方便又快捷，真是开心无比。

（变速鞋。）

在漆黑的夜里，出现了一些亮光，这些亮光有的去了医院，有的进了工厂。对了，这是值夜班的叔叔阿姨穿上了我设计的夜光鞋。这种鞋鞋尖有个灯泡，只要把开关打开，灯泡就会发出亮光，夜里就不会深一脚、浅一脚地走路了。真是方便极了。

（夜光鞋。）

大家穿上我设计的调温鞋，夏天比穿凉鞋还凉快，冬天比穿棉鞋还暖和……春、秋两季穿上它则不冷不热，真是舒服极了。

（调温鞋。）

“王韵龙，快起来了。”这喊声把我从梦中惊醒，那些奇妙的鞋随着喊声消失了。但我有信心将梦想变成现实，让人们生活得更美好。

（回到现实，表达自己美好愿望和决心。）

名师点评

作者抓住一个事物，在“鞋”上做想象文章：音乐鞋为舞蹈演员插上了翅膀；变速鞋给旅游者带来新的乐趣；夜光鞋带给夜间工作的人极大的方便；调温鞋则消除了寒、暑给人们带来的烦恼……

此文想象奇特，结构清晰，语言明快。看样子作者不仅有丰富的想象力，而且还有扎实的写作功底，肯定不是个空想家了。这样，作者结尾说的“有信心将梦想变成现实”也就不是一句空话了。

耕云播雨记

2042年3月的一天，微型报话机响了，传来了埃及总统的声音：“翟先生，您好！我们这儿撒哈拉一带旱灾严重，庄稼都快干死了，急需普降90毫米的雨水。恳请您速速救援。”“好咧！”我立刻应允。降雨和我有什么关系呢？原来，那时，我已是国际知名的发明家，研究并制造出无人驾驶的耕云播雨飞机，并用来调节晴雨、防旱排涝。耕云播雨飞机共12架，除南极洲外，每个大洲两架，随时待命，而我通过各地的地球同步卫星远程遥控指挥。

开篇交待时间、地点、人物、起因。2042年的世界是怎样的？引起读者兴趣。

设问句交待“我”发明了耕云播雨机及其功用。

我放下报话机，马上按下6号红色电钮。非洲的两架耕云播雨飞机迅疾升空，闪电般地飞向地中海，几分钟后便在地中海上空停了下来。它们的自动吸云器射出刺眼的蓝色光柱，大块的云朵被吸附到飞机的周围。牵着云山云海，飞机很快就飞抵撒哈拉的上空，排气孔向四面八方喷出冷气流。满天白云顷刻变成雨，洒落在久旱的大地上。晚间新闻传来了这一喜讯。

细致描述了我运用耕云播雨飞机在非洲救灾的经过，重点突出。

7月13日早上，我正在吃早餐，遥控室突然响起急促的警铃声。我急忙跑过去，打开微机，荧光屏上映出印度喀拉拉邦人民与洪水搏斗的场景。我赶忙按下了黄色电钮，两架飞机很快就到达灾区的上空。一架飞机吸水，只见一道灰白色的大水柱被机腹的圆口吸入，随即又化作水雾从机身上方喷出，变成朵朵白云。白云被另一架飞机吸拢并牵往干旱地区。在荧光屏上，我看到当地人民正在欢呼雀跃。

结尾以人民的欢呼雀跃从侧面体现出“我”的发明对人类的巨大贡献。

名师点评

这是一个充满美好心愿的科幻故事,很有趣。以求援电话开篇,紧扣读者心弦,不同凡响。插叙“我”的发明,释疑,又避免了平铺直叙的平淡。救援的结果写得虽然简洁,却突出了发明具有神奇而巨大的作用。

生态汽车

最近,我到一家医院看病,发现患呼吸道疾病的病人非常多。一部分人患病的原因,与大气污染有很大关系。而汽车尾气带来的大气污染,就非常严重,如何解决这个问题,仍是摆在人类面前的一件棘手的事。

根据困扰人类的空气污染问题而搞发明。

我想发明一种环保型汽车——生态汽车,它的内部构造较简单,主要是一块吸收太阳能的半导体板和发动机。半导体能随时随地吸收太阳能并储存起来,不管晴天还是雨天都可以把能量传送给发动机;而发动机是强化型的,速度每秒20千米。哦!还有一项重要的装置我还没说,这是个能吸收烟雾的机器,它的长、宽都是十多厘米,是一个科技含量极高的设备,它能把吸收的烟雾通过一个过滤器转化为氧气,使车内的空气始终保持新鲜,同时还避免烟雾对车外空气的污染。生态汽车的车身采用不怕高温、能散热的材料。汽车顶部还有个扫描仪,通过它就能知道哪些地方道路通畅,可以行车;哪些地方堵车,不能通行。此外汽车内还设有电脑、茶具等,可供驾驶员办公、休息时使用。

内容结构、工作原理、主要部分和其他环保设备介绍得很清楚,想象丰富,有详有略。

名师点评

小作者在对生态汽车的设计中,先介绍了它的内部结构,以及它们的工作原理,然后介绍主要部件,最后介绍其他设备。这些介绍,有详有略,突出了与保护生态环境有关的内容。

未来的学校

“叮咚,叮咚咚……”我揉揉睡眼,一看音乐报时钟,七点五十了!“哎呀!”我一下子从床上弹起来,急忙穿好衣服,匆匆扒了两口饭，乘电飞车驰向月球。

原来，我和一位叫马小飞的小朋友约好，上午八点她带我参观她的学校：太空小学。五分钟过去了，电飞车到达了太空小学。只见马小飞早站在门口等我了。马小飞领我走进她的学校，展现在我眼前的是一座豪华教学楼。教学楼是大理石砌成的，共有7层。奇怪的是，教学楼没有楼梯，只有一大串铁环串起的“大星星”。马小飞介绍说，这是星星电环梯，我们走进去，眨眼间，到了四年级三班的门前，马小飞领我进了教室，让我坐到后排。上课铃响了，我等了好久，还不见老师来。这时，一个声音响了：“同学们，请把昨天晚上的作业交上来。”嗬，原来他们的“老师”是电脑自动遥控机。同学们一个个把作业交了上去。一位同学把作业塞到“作业入口处”，只见电脑自动遥控机的红灯一亮，作业又自动退了出来。那位同学叹了口气，拿回退出的作业。很明显，他的作业不合格。

“眨眼间”写出了电环梯速度非常快。

电脑自动遥控机收作业，批改作业先进、快速、准确。

“老师”准备讲课了，只见黑板打出几个字：“请准备好微型录音机。”要录音机干什么？“老师”开始讲课了，同学们把讲的内容都录到了录音机里。噢，原来是一种新的录音笔记法！

下课了，马小飞又带我去参观“课间十分钟儿童快乐世界”。她带我乘上“多功能弹跳飞虫”，告诉我，这种飞虫能在天上飞，能在水中划，一跳能跳两米多高，还能在空中轨道上快速奔驰，又惊险，又有趣。我又乘上“电跳鸭”，它能在水中边游边跳，好玩极了。后来，我又玩了“摇摆象”、“长颈鹿”等有趣的东西。

课间活动既丰富又新奇，很有趣。

同学们，你想来“太空小学”上学吗？那好，请你拿起笔，未来的学校就在你的手中！

结尾发出召唤，拉近距离激起读者遐想，十分特别。

名师点评

太空小学、星星电环梯、电脑自动遥控机……无不给人留下深刻的印象。而现实生活中的人类登月、电梯广泛使用、电脑大量应用，均为此想象提供了一定的基础。由此可见，丰富有趣而又不失真实的想象离不开现实生活。

克隆地球

23世纪，人口暴增，人类面临一个国际性难题——无家可归。人们把大面积的森林田园变成了高楼大厦，政府也在毁山、填海，建起一片片新居民区。可谁也没有注意到，各种自然灾害正向人类逼近。

既预言了人类的未来，又点明了事情的起因。

我在加利福尼亚的地球科学研究小组工作。昨天，我们的办公楼刚遭到了酸雨的猛烈袭击；今天，我又顶着沙尘暴来到了地球科学研究领域最有权威的老博士的办公室里，我向他阐述了我的一个大胆设想——克隆一个地球！

老博士一听，拍案而起，说："好啊！人们还没想到这一点，我们说干就干吧！"老博士还吩咐他的助手迈克尔帮助我完成这项计划。

我们用从技术分析师那儿找来的土、水、动植物、煤炭等克隆地球所需的基本物质，提取基因后，制成了一个蓝色的小球体。我们还用微型计算机做了纳米检查，结果发现基因分布非常合理，我们把它放在了温室中。

想象合理，有科学依据。

两个半月后，我和迈克尔来到了温室，不出我所料，这时的"一号地球"可以离开温室了。我们对它做了最后的检查：重27吨，12个大洋，5个大洲，水陆面积比例为5:4。做好记录后，我们用高科技发射器把它发射到太空中。半年后，"一号地球"越变越大，大部分地球人搬了上去，新"地球"上陆续建起了许多公园、居民区等，到处生机勃勃。我和迈克尔已经筋疲力竭，但我们知道有一件事还没做。这时，老博士来到我们的办公室，他问："你们下一步要做什么？"我和迈克尔异口同声说："当然是治理一下我们的'老家'喽！"

以一系列数据说明人造克隆地球制作之精细、科学，并以半年后人类居住愉快这一实际成果为佐证，可见小作者思维缜密。

"新地球"克隆成功但仍不忘治理"旧地球"，引人深思，给人启迪。

名师点评

地球遭到破坏，人们即将失去赖以生存的家园，未来人类何去何从？这是今天人们都在关注和思考的问题。小作者受生物科技"克隆"一词的启发，大胆提出"克隆地球"的设想，大胆而奇特，富于创新意识。此外，文末也是极为出色的地方，对于已遭破坏的地球不是遗弃而是治理，体现了作者强烈的责任感。

修改百宝箱

修改指南

同学们在写想象作文的过程中，应特别注意你所选择的习作素材想象是否合理，如果完全没有事实依据，与现实脱离太远，那么就要更改写作材料；写完后应注意主题是否突出，重点部分是否详写，不要全文均衡，那就形同流水账；再次，应注意运用各写作手法和修辞手法是否得当，写作时这些手法的运用在精不在多；最后，注意语句是否通顺，有无错漏之处。

病文评改

未来的汽车

未来的某一天，第十九届国际汽车博览会首次在中国举行，我有机会向全世界的车迷们展现我设计的新型“环保车”。

将“展现”改成“展示”。

车的功能十分齐全，绝对超出了人们的想象。车里有传真机、电脑、微型冰箱等最先进的设备，每当出门，先把一张3.5寸磁盘放入电脑，输入路线，然后插入汽车内置电脑，电脑根据“GPS”卫星定位导航系统让车自动避开障碍、弯道，直接到达目的地。驾车者还可以依照自己的个性和喜好来按不同颜色的按钮来改变车身表面色块的波长，使色块反射光线，选取一种适合自己或自己喜欢的颜色。车内还有酒柜、卫生间、游戏机，给人们带来很多方便，电脑可以自动查询天气和路况。

“每当出门”改成“每次出门”。

这种汽车水陆两栖，如果到了水中，车轮就会变成一个个高压喷气式的冲力器，使车在水中也能像在陆地上一样活动得轻快自如。

汽车的燃料不是某种液体，而是一种大型汽车用的电池，电池充上一两分钟，就可以用好几个小时，即省事，又方便。如果在半路上没有电怎么办？别着急，在电池后面有一个电能转换器，它能把经过地方的尘土、噪音、垃圾分类储藏在它

“即”改成“既”。

的肚子里，到需要的时候自动转换，把杂物转换成电能，使车子在无能量的情况下也能照常运转。

博览会后，我看了看表，上了车，开着自己研究设计制造出的汽车，踏上了回家的路途。

应把“研究”“制造”去掉。

修改提示

本文小作者大胆设想，设计出一款功能齐全的“未来汽车”。作者想象奇特而且合情合理，从中可以看出，作者是具有一定的科技知识。美中不足的地方也有，如：①全文介绍了“未来的汽车”，但其外表特点却没有介绍，仅仅介绍了它的功能；②文中存在少量错字、用词错误、语意不清的问题，如“展现”与“展示”“既”与“即”混淆不清。

星级评定园

经过这次想象作文的练习，同学们一定畅快地抒写了自己平日美丽和奇异的诸多幻想，现在到了自我测评的时候了，请按以下标准来评定你的想象作文吧！

1. 想象大胆有新意，且合乎常理。（☆）
2. 内容具体，中心突出。（☆☆）
3. 文章条理清楚，详略得当。（☆☆☆）
4. 语言优美，风趣。（☆☆☆☆）
5. 运用多种修辞手法，文章生动形象。（☆☆☆☆☆）

拓展空间站

拓展习作

题目：到恐龙时代去

思路点拨：这篇习作可以从两个大方面来写：一是同学无意之间超越光速进入时空隧道，在恐龙时代的种种历险；二是依赖高科技工具回到恐龙时代去考察探险。前者是无心偶遇，后者是有意之行。可任选一角度来写。

例文选萃：

到恐龙时代去

2040年的一天，我和同学王明及助手派克一号幻影机器人乘坐“时间车”到“白垩纪”的“恐龙时代”去考察恐龙。

我们走进“时间车”,车厢里是全自动设备。“时间车”的外壳是用最耐热、耐压、耐腐蚀的金属材料制成的。“时间车”上装有激光跟踪导弹、隐形雾气、霹雳弹等武器。我看了一下“太空旋转器”表,时间到了。我按了一下起飞开关,“时间车”起飞了,它走上时间轨道,飞向“白垩纪”的恐龙时代。

到了“恐龙时代”,我们下了车,穿上“太空衣”,带上超级麻醉手枪去考察恐龙。“恐龙时代”的植物都是蕨类植物,这些植物长得特别茂盛,也许是因为这里的气候温暖湿润的缘故吧。我们正走着,迎面走来一只庞大的动物,我一眼就认出它是恐龙。这只恐龙一直向我们走来。我怕它会伤害我们,立刻掏出麻醉手枪。我的同学王明笑着对我说:“你怕什么,它是鸭嘴龙,是温顺的食草恐龙,它不会伤害我们的。”这时那只鸭嘴恐龙走到我们身边。看起来它并没有恶意,但我还是担心它一脚会把我们踩成肉饼。我的助手派克一号幻影机器人拿出微型动物语言翻译机,迎上去和鸭嘴龙谈话。正谈在兴头上,突然,我感觉好像有个东西在啃我的脚跟,回头一看,可把我吓了一跳,原来是一头满身带刺的恐龙在啃我。我的助手连忙掏出麻醉手枪向那只恐龙射去,那只恐龙倒下了。幸亏我躲得快,不然非被它压成肉饼不可。鸭嘴龙说:“你们可为我们除了大害。它叫剑龙,是食肉恐龙,非常凶猛,为此,我们的生命经常受到威胁,谢谢你们了,我们交个朋友吧!”我们同意了。鸭嘴龙说:“请你们到我家做客吧。”我回答说:“没时间去了,这里哪儿有水?”鸭嘴龙说:“前面有个湖,走,我领你们去。”我们三人跟着鸭嘴龙来到湖边,湖里有许多鱼龙。我渴极了,便在湖边猛喝几口,喝完了水,我和一只鱼龙交谈起来。我问鱼龙:“你们这儿最凶猛的恐龙是哪一种?”它回答道:“最凶猛的就是霸王龙了。”鸭嘴龙在一旁插话说:“它比剑龙还要凶猛。”鱼龙说:“对,霸王龙和剑龙一样都是凶猛的食肉恐龙。”我还想提问题,忽然天空中飞来一个带翅膀的恐龙。鸭嘴龙向我们介绍,这是翼龙,它靠身上的肉翅飞翔。翼龙落了下来,我连忙迎上去问它:“这里的恐龙只有你们翼龙会飞吗?”翼龙听了我的话骄傲地说:“就我们翼龙会飞,因为只有我们有翅膀。”我又向它提了许多我们想要了解的问题,它都回答了……

我们要离开这美丽的地方了,真有些让人恋恋不舍哩。最后,我把“时间车”里恐龙爱吃的东西作为礼物送给了三只恐龙。我们上了车，恐龙向我们点头。我们飞离“白垩纪”的“恐龙时代”，前行在茫茫的时间轨道上。

名师点评

本文的作者充分展开了想象的翅膀，不仅通过时间轨道回到白垩纪去考察恐龙，而且在介绍恐龙世界时还采取了一种新奇的手法：让一类恐龙去介绍另一类恐龙，文中的鸭嘴龙就好像是恐龙世界的导游。整篇文章生动活泼，引人入胜。

话题作文

题目：探索未知世界

思路点拨：看了图形“”，你有什么奇思妙想，你会把它想象成什么呢？有的同学可能会说像太阳！有的可能想象成半块橡皮，还有的同学可能还会把它想象成受污染的另一半地球，以及人类面临的深重灾难……从这个例子中证明了一点：通过想象，同学们最大限度地调动了自己的有关积累，致使自己思路打开，认识提升，探求自我未知的领域。请以探索未知世界为话题写一篇文章，自拟题目。

例文选萃：

机器人篮球队

今天是2205年7月19日，是中国机器人篮球队和美国机器人篮球队举行精彩比赛的日子。这场比赛的胜负决定着十年一度的国际机器人篮球队的冠军得主是谁。因此，有许许多多的篮球迷都来到北京的国际一级机器人专用篮球场内观看比赛，好不热闹。

首先是介绍双方的教练以及队员。美国队的教练是汤姆·史密斯先生。他用桌上的电脑把美国队的机器人队员叫了出来。只见5个身强力壮，身高都达两米以上的队员一个个昂首阔步地走出来了。它们轻轻地一跳就能够着四米高的篮筐，多厉害呀！所以，它们被观众们称为“巨人队”。

中国队的教练——我，也不甘示弱，用我的掌上电脑把我亲手设计的精兵强将也叫了出来。我的队员一出场，观众们都惊讶地大叫起来，原来我的队员只有一米六，太矮了，大家都有些失望，都认为中国队输定了。

但我不那么认为，因为我的队员有三大法宝：一是力气大，可以拔出一棵大树；二是它们有一双“红外线瞄准眼”，能够准确无误地量出离篮筐有多远，再配合“臂力加减器”，调节好适当的臂力，会把球准确无误地投入篮筐；三是我的队员跳跃能力极好，一跳便可跳十米多高。这就是我方的优势。

比赛开始了，随着一声哨响，由一台怪模样的机器把球射向高处，我让我的队员去和“巨人队”的队员争球，在双方争球的队员跳起时，我手下的一个机器人马上跑到对方的篮下，跳起来，争球的队员抢到球，迅速传给了对方篮下的那位队员，它接到球，立刻投篮，进了！我们又发球，只见“巨人队”有队员来拦截，我的队员从它的腿下带球过去。然后，三分投篮，又进了。看出矮子的优越性了吧。

接下来的比赛一直都对我们有利。到了快结束比赛时，我猛然发现美国队的教练汤姆·史密斯先生，好像在给我的队员输入病毒，我急忙给我的队员用软件杀毒，还设了三层密码。

当我看到汤姆先生解不开密码的狼狈样，不禁笑了出来。最后，我们以实力大败美国队，取得了这次比赛的胜利。

在发奖会上，我们队获得了“最佳球队”的光荣称号，我也得到了“最佳教练”的荣誉证书。《义勇军进行曲》响起了，五星红旗徐徐上升了，我含着热泪，激动万分。荣誉应当属于您——祖国母亲。

名师点评

本文的小作者通过大胆合理的想象，构思了一个中美机器人争夺国际机器人篮球赛冠军的故事。生动的语言紧紧地抓住了读者的心，机器人比赛的激烈场面描写得很精彩。而文章的结尾，将文章的中心凸现出来，使文章立意显得愈发深刻，一切的荣誉应当属于伟大的祖国——母亲，表现了祖国在孩子心中的伟大。

读写联通屋

电脑厨师

我是纪博士，我在研究一种高科技的电脑厨师。

“厨师自动化”，已不再遥远，因为有一种“电脑厨师”，只要放入一张食谱记忆卡片，它就可精确地自动烹饪出一道道中国、法国或意大利的各式菜肴。下面我向你们介绍一下吧！

它的体积仅比一般的烤面包机略大，但却兼具煎、炒、煮、红烧等多种功能，其总重量也不过5磅左右，在一般家居狭小的家庭中足以掀起一场“厨房革命”。

目前市场上销售的带电脑设计的烤面包机、发面机、电锅等都只能算是“低科技”产品，而且它们都只拥有单一功能，而“电脑厨师”则可以说得上是一件非常精密的厨房高科技产品，它的组合包括一个电脑处理器、一个小的变速机箱、一个记忆箱、一个记忆卡及一口锅。

使用时，只要把所有切好的食物材料装入机器上面的分隔器中，再将食谱记忆插入，电脑就可以根据卡中指示，在适当的时候将食物放入，何时应炒或翻面，什么时候用什么佐料，都由电脑控制，只要把食物放好，就可以不去管它，过几分钟回来，“电脑厨师”就可给你炒好一道可口的“电脑菜”，你将不必为自己的厨艺太差担忧。

信息+创造=21世纪。让我们携起手来，共同创造、发明！

思考题

1. 电脑厨师和现在市场上销售的带电脑的厨房用具等有什么不同？

2. 本文从哪几个方面来介绍电脑厨师？

3. 本文开头有什么特色？

参考答案

第一单元

《腾格里之冬》 1. 第二自然段描写了沙丘;沙丘的特点是形态多样,坚强不屈。是按由上到下,由远及近的顺序写的。 2. 描写的冬季的腾格里,此时的腾格里沉静中蕴含着安详,安详中又洋溢着无限生机,孕育着美丽的春天。 3. 修辞手法:排比、比喻、拟人。举例略。

第二单元

《鸭鸭的故事》

1. 初到新家　落水　啄金鱼　对小鸭的喜爱　2. 略。　3. 略。

第三单元

《赶时髦的扁担》 1. 爱慕虚荣　不顾实际情况盲目攀比　折成两截　2. 心理描写、语言描写、神态描写。 3. 美不是千篇一律的,美有多种表现形式,未必只有外表的美才是真正的美。任何对美的追求,都应考虑自身条件,以牺牲生命为代价的盲目攀比是不足取的。

第四单元

《螳螂》 1. 写了螳螂的外形、捕食过程及捕食时只吃活昆虫的特点。 2. 写螳螂外形的句子见第二自然段。作者运用的修辞手法是比喻。作用:把螳螂的外形写得很形象,突出了它样子的特别。 3. 第三自然段第一句。

第五单元

《九寨沟导游词》 1. 分　总　移步换景(游览) 2. 五绝是叠瀑、翠海、彩池、雪峰、藏情。 九寨沟翠海叠瀑的形成是由于岩溶、泥石流滑坡、冰川运动、流水和生物钙化作用等多种因素。 3. 比作童话世界里的王子和公主。这样写一来突出了九寨沟美丽得如同童话世界,二来语言亲切令游客的心情愉悦放松。

第六单元

《借鞋》 1. 采用了神态描写、动作描写、语言描写、心理描写。举例略。 2. 时间:入夏以来最热的一天　地点:街角冰激凌店　人物:小女孩、侍者、高个子先生　经过:女孩因没穿鞋而吃不到想吃的冰激凌,高个子叔叔帮助她并把自己的鞋给她穿　结果:她买到了冰激凌,所有人都为之感动。 3. 店里的人被高个子先生的行为感动了。此时侍者也红了脸,也许主动卖给小女孩冰激凌,也许……

第七单元

《我不再胆小了》 1. 本文塑造了一个先前胆小而后变得胆大的儿童形象。 2. 本文的景物描写起烘托作用,烘托了“我”的心理活动。 3. 心理　语言

第八单元

《电脑厨师》 1. 烤面包机等都是单一功能的,而电脑厨师是高科技产品,有很多功能。 2. 从电脑厨师的功能、电脑厨师的组成、使用方法三方面说明。 3. 开门见山,点明中心。

图书在版编目(CIP)数据

英才教程:人教版．同步作文．口语与习作．四年级/詹昌斌总主编．—乌鲁木齐:新疆青少年出版社,2012.5

ISBN 978-7-5515-1552-8

Ⅰ.①英… Ⅱ.①詹… Ⅲ.①作文课—小学—教学参考资料 Ⅳ.①G624

中国版本图书馆 CIP 数据核字(2012)第077654号

出 版 人:徐　江
策　　划:世纪英才
责任编辑:张玉新
责任校对:齐　星

英才教程/同步作文
詹昌斌　总主编
人版四年级上册

出　　版:新疆青少年出版社
社　　址:乌鲁木齐市北京北路29号　邮政编码:830012
电　　话:0991-7833976(编辑部)
网　　址:http://www.qingshao.net

发　　行:新疆青少年出版社营销中心　电　话:0991-7833979　027-86786932
经　　销:各地新华书店　法律顾问:钟　麟 13201203567
印　　刷:湖北鄂南新华印刷包装有限公司

开　　本:880毫米×1240毫米　32开　版　次:2012年5月第1版
印　　张:4　印　次:2012年5月第1次印刷
字　　数:120千
书　　号:ISBN 978-7-5515-1552-8
定　　价:10.80元